［新版］カレーの秘伝

ホルトハウス房子の世界でいちばんおいしいカレー

ホルトハウス房子

PHP

新版へのまえがき

かつて光文社のカッパホームス・シリーズの一冊として発刊され、ベストセラーとして多くの方々にお読みいただいた『カレーの秘伝』が、この度、装いも新たに復刊されることになりました。時を経て、新たな読者にお届けすることができますことは、著者としては誠にうれしく、喜ばしい限りです。

カレーは長年、我が国の家庭料理として、ポピュラーな料理の一つとされてまいりました。若かった頃、私の作っていたカレーは母譲りのカレー粉と小麦粉を丹念に炒めるところから始まる、昔ながらのシチューもどきだったと記憶します。最初のカレー粉を炒めるプロセスで立ちのぼる匂いに、「カレーを作るぞ!!」と意気込んだものでした。それは、かつて記しましたように、「今晩はカレーにでもしましょうか」「カレーならできるわ」と、即席にできる「でも」「なら」料理では決してないのです。

以前住んでいた台北で知り合った日本人留学生、といっても立派な社会人でいらした方々を、我が家の食事におよびしたことがありました。半世紀も昔のことです。献立は考え抜いた末、カレーに決めたのです。理由は誰にも好まれるであろうこと、そしてもうひとつは絶対に懐かしの故国の味であるに違いない、ということでした。結果は上々。大変に喜んでいただいたことを覚えております。

復刊に際しましては、原本の雰囲気を損なわないよう留意いたしました。しかし、料理とは時代の流れに沿って、少しずつ変化していくものです。そんなことから、旧版の料理の内容は、ごくわずかな材料の質、分量の訂正にとどめ、一番大きな変化は二〇種類のカレー料理のでき上がりを撮影したことです。写真をご覧いただいて、「やってみよう」と思ってくださる方も多いのではないかと、密かに期待しております。

四〇年前、『カレーの秘伝』を出版するにあたって、本場のカレーを知らねばと、私はインドにまいりました。当時、威容を誇っていたボンベイのタージマハールホテルに滞在し、ホテルのキッチンでタンドリーチキンを教わり、国営の料理学校へ一日入学いたしました。初めて目にする、色とりどりの数種類の塩を使い分けての料理からデザートまで、たった一人の生徒の私に、数人の先生方が労を厭《いと》わずお教えくださり、インド料理の奥深さ、そしてその豊かな香り、美味に、百聞は一見にしかず、の念を強くしたものです。

インド料理の香辛料の使い分けの巧みさは素晴らしく、香りのよいカルダモンを加えた甘いにんじんのデザートを食べたときは、インドのにんじんは野菜ではなく果物では、と思ったほどです。

イギリスのカレー、香港のカレー、そして、タイのカレーと、私のカレー遍歴のなかの料理はいずれも個性豊かに、特色のある素晴らしいものでした。それらを咀嚼《そしやく》し、私の西洋料理の知識を加味してでき上がったのが、私のカレー料理です。

最近の家庭料理の傾向は、レトルト食品やでき合いの調味料を使用することが多いと言われます。しかし、ひと手間かけた料理のおいしさ、それは唯一無比。あなただけの料理なのです。

この本のなかから、何かをつかんでいただけることを願ってやみません。

二〇一五年二月

ホルトハウス房子

まえがき

私は、神奈川県の、相模湾《さがみ》を見はるかす鎌倉山に住んでおり、知り合いの奥様やお嬢さま方に自宅の台所で料理をお教えしています。

ですけど、私はあくまで一主婦で、いわゆる料理の専門家ではありません。主人が食べることのたいへん好きなアメリカ人で、仕事の関係で世界各国を歩いているうちに、私も主人同様、食べることへの興味がつのり、料理作りの楽しさに魅せられてしまったのです。

ある調査によれば、家庭料理で、いちばん多くテーブルにのるメニューはカレーだそうです。しかしそのカレーは、「今晩はカレーにでもしましょうか」「カレーならできるわ」の結果、できあがるもののようです。しかし、カレーは、けっして「でも」「なら」料理ではありません。奥行きが深く、たいへんリッチで取り組みがいのある料理のはずです。

カレーのうまみは、スパイス独特の香りが食欲を誘うところにあります。のどもとを過ぎてから、うまみの余韻が芳香といっしょに鼻孔を抜けていくのです。

私は先《せん》だってインドへ行ってまいりましたが、たしかに本場のカレーは、舌を刺すような味覚といい、芳香といい見事なものです。しかしそれは、インドの気候風土に適した風味であって、それをそのまま日本に持ち帰ってもおいしいものではありません。

日本人には日本人のカレーがあり、インド人にはインド人のカレーがあるのです。

でも勘違いをしてもらっては困ります。日本人に合ったカレーとは、「インスタントルーをポチャンと落として作るカレー」ではないのです。それはカレーとは名ばかりで本当のカレーを冒瀆《ぼうとく》するものです。

インスタントばかり愛用し、手間暇を惜しんでカレーらしき料理を作っていては、自分で自分の料理の腕を落とすばかりだと思います。

その結果、楽しいはずのキッチンもいつのまにか生気のないものになってしまうでしょう。

本来キッチンとは、まな板がカタカタと鳴り、なべがゴトゴトと音をたて、おいしそうな香りや湯気がたちこめているところです。

たとえ小さくても使い慣れたキッチンで、カレーひとつにも、じっくりとスープをとり、家族の好みにそってスパイスを組み合わせて、わが家の味を作りだす。そんなところに、料理のこころや楽しさがあると思います。

工夫を凝《こ》らしたあなた独特のカレーから家族ぐるみでわが家の味が作りだされていくのではないでしょうか。そう考えると、スパイスをそろえたり、スープをとることなど、けっして面倒でも贅沢《ぜいたく》なことでもないはずです。

私は本場のインドカレーを食べ歩いた後でも、自分のカレーが世界でいちばんおいしいと思っていますが、私の作ったカレーをもとにスパイスやとろみをご自分で工夫して、あなた自身の、世界でいちばんおいしいカレーを作っていただければとの願いから、この本を書いてみました。

なお、この本の執筆にあたってお手伝いいただいた国枝晟子さんに心からお礼を申し上げます。

一九七六年九月二十五日

ホルトハウス房子

写真撮影
飯田安国

ブックデザイン
野澤享子（パーマネントイエローオレンジ）

編集協力
鶴谷千衣（POOL）

PD
千布宗治　冨永志津（凸版印刷）

Allspice
Piment
Fennel
Fenouil
Caraway
Carvi
Marjoram
Bay Leaves
Clove
Girofle

ビーフを使った
リッチなカレー
→作り方 54ページ

チキンを使った
リッチなカレー
→作り方 59ページ

ラムを使った
リッチなホット・ホットカレー
→作り方 68ページ

えびを使った
リッチなカレー
→作り方 72ページ

野菜を使った
リッチなカレー
→作り方 81ページ

いざというときの
豚ひき肉のドライカレー
→作り方 115ページ

ポテト入り
カレー風味の
にんにくスープ
→作り方 137ページ

いざというときの
ミートボールカレー
→作り方 96ページ

カレー風味の
ヨーグルト・ドレッシングで
食べる野菜サラダ
→作り方 149ページ

スタミナをつける
カレー風味
レバーのオードブル
→作り方 141ページ

目次

chapter 4

ランチにピッタリ、カレー風味の料理

chapter 5

カレー風味のさわやかおかず

私とカレー

あれは戦後のいつごろだったでしょうか。朝鮮動乱もひと落ち着きし、人々の生活が静けさとわずかのゆとりを持ち始めたころでしたから、三十年は過ぎていたと思います。食品会社のS&Bがからし色のフランスの小型車ルノーを、よく車に乗る人に限り貸与するという、たいへんユニークなキャンペーンをしたことがあります。

それはカレー粉のイメージを黄色いボディに塗り込めて、町々を走る車にカレーの味覚を想起させようという、手の混んだセールス作戦だったわけです。当時はまだまだ、車は庶民の手のとどくところにはなかったのですから、この斬新《ざんしん》なアイデアは、若い人たちに大変な人気を呼びました。

私はというと、ある日ふと街角を走り抜ける黄色い車とすれちがい、またある日、銀座の路上にパークしている小さな車体を見つけては、そこに何ともいえないヨーロッパ文化の香りを感じていました。車が洗練された都会生活そのものだったと同時に、カレーもまた西洋料理としてエレガントな香りを増幅していました。

私の結婚は、さらに数年後なのですが、挙式をひかえた私のために、母が友人、知人を招いていっしょに食事をしたときのことです。なにしろ外国人と結婚するというのですから、周囲にとっては好奇心もあり、心配でもあったのでしょうが、来客の一人がこんなことをいったのです。

「房子ちゃん、あなた外国の方といっしょになるというけど、なに作ってあげるの。カレーライスでも作ればいいのかしらね」

この言葉はいまだに覚えており、それに対して私がどう答えたかは記憶にないのですが、当時でも年寄りにとっては、カレーがハイカラな、外国風の食べ物だったということなのでしょう。

★

ところで私のカレーですが、実は年寄りの心配とは裏腹に、結婚して数年、カレーというものをほとんど作りませんでした。主人がアメリカ人のせいもありましたが、仕事の都合で外国生活が多く、アメリカ、ヨーロッパ、台湾、東南アジアと世界各地を転々とし、各国の料理を吸収するのに夢中だったからです。

私は料理は舌で覚える主義で、一度おいしいものを食べるとどうしても自分で再現してみたくなります。主人も食いしん坊ですから、子どものいない気楽さも手伝って、ずいぶん食べ歩きました。こんな形で、私の料理のレパートリーはいつのまにかふえていったのですが、カレーに関しては、たかをくくっていました。というのは、結婚直後に年寄りから「カレーをおいしく作るには、味を複雑にすればいいのよ」と教わり、「何だ、そんな簡単なことか」と納得して、自分なりに工夫して作ってみては充分その味に満足していたからです。

ところが数年後タイに住んでいたとき、メイドが作ってくれたカレーは、まさに青天の霹《へき》靂《れき》。それはココナッツがいっぱい入っていい匂いがし、いままでの私のカレーにはまったくないおいしさだったのです。そしてインド料理を知り、香り、とろみが違うことに気づき、自分が作っていたカレーが、インドから伝わって変形した日本特有のものであることを知らされました。

さてそうなると根が凝《こ》り性ですから、あの不思議な香りを作りだすスパイスは何なのか、辛みをコントロールするのはなにか、けっして糊《のり》ではないとろみをだすためには、どうしたらよいのかと、文字どおりの試行錯誤を重ねることになったのです。

まずスパイスにクミンシード、ナツメグ、シナモン、クローブなどが加わり、野菜をおろして作っていたとろみも、よく煮込んでからこすというスタイルに変わりました。

こうして作るたびに違った味になりながらも、辛み、酸味、甘み、脂肪に香りの風味を加えた私なりのカレーができあがったのです。

あえて私のカレーといったのは、それがけっしてインドカレーそのものではなく、ましてインドネシアでもタイでもアフリカのカレーでもないという意味です。

ごく短い期間でしたが、この本を書く前にインドに行ってきました。朝食を除いては、インド料理に明け暮れた毎日でした。スープからデザートまで趣向を凝らした料理の数々はひじょうに変化に富み、インド料理の美味を心ゆくまで堪能して帰ってきました。そこで感じたことは、インドと気候風土がまったく違う日本では、インド料理はあくまで外国料理であって、カレーにしても、そのまま日本に持って帰っても、けっしておいしいものではないということです。

あの強烈な香辛料をそのまま取り入れることは、いくら本場の味とはいえ不要なことです。本場の味とはすこし違っても、インド料理の特徴を一度のみこみ、消化し、そのうえで日本の風土に合ったカレーが作られてしかるべきだと思うのです。本物なら何でもいいというわけではないのです。

インドから帰国し、友人に会うたびに、「本場のインド料理はいかがでしたか」ときかれます。私は即座に、「とてもおいしかったけど、何といってもいちばんおいしいのは私のカレーよ」と何気なく答えることにしています。

尊大ないい方ですが、私は私のカレーが世界一おいしいと思っています。私の味覚にとってという言葉をつけ加えるべきかもしれませんが、読者の方が私のカレーを踏み台に、あなた自身の世界一おいしいカレーへと発展させてくだされぱいいと思っています。

★

私のカレーのすべての秘伝は、ｃｈａｐｔｅｒ１の「リッチなカレー」でいい尽くしていますが、いまここでアウトラインを申し述べるなら、以下のようになります。
①インスタントルーは使いません。
カレーのもっとも特徴的な性格は香りにあります。辛みはお好みでコントロールすればよいことですが、香りがなくてはカレーとはいえません。その点でインスタントルーは、私には無性格に近く、より奥行きのある香りは、カレー粉に数種のスパイスをプラスすることで実現されます。
②カレーだけでおいしい。
私のカレーはだしをとりますから、それだけですでにおいしいものです。日本のカレーというと、黄色くとろーっとして、肉やら野菜やらごった煮風に入るという概念がありますが、そうした具はなくても、カレーソースをひと味、スプーンですくってみただけでおいしくなくてはいけないと思うのです。
③とろみは野菜でだします。
私の野菜の使い方は、具というより、だしととろみのためにあります。

とろみをだすために、生《なま》の野菜を煮てからつぶしたり、さらにこしたりします。煮ることで野菜からどんどんだしがでますし、これをこしたときのとろみは、小麦粉のそれと違ってさらっとして、つぶが優しく舌にあたる触感です。

またうまみをだすために、チーズ、バター、ヨーグルト、サワークリームなども使います。

それは、カレーのうまみが、香りのなかに辛み、脂っぽさ、すっぱみが混沌《こんとん》としあうところにあるからで、特にヨーグルトは料理中で触れていなくても、一種の薬味として試してみてください。

★

カレーはおでんのようだと思うことがあります。おでんなんてどこでも材料は似たようなものですが、仕上がりが各家庭によってずいぶん違います。カレーも同様で、そこにちょっとしたスパイスの差、手順の差、時間のかけ方の差が現れてしまうのではないでしょうか。

近ごろの婦人雑誌、料理雑誌を見ていますと、まあそれは神経質に材料の分量を明記しています。たしかにお菓子作りなんかでは、砂糖が小さじ一杯多かったために、ふくらむものもふくらまないことがままありますが、料理全般についてはそう神経質になる必要はありません。いつも作り方ページと首っ引きで、調味料一つにしてもぴったり計って入れるというのでは、料理はけっして上達しないでしょう。そんなところに神経を使うよりは、ここで味をみるという、手順を省かないことのほうが大切だと思います。料理はなめながら覚える、それが私の持論です。もちろんこの本でも、分量は明記しましたが、そのときの火加減、手順で味はどのようにも変化します。ですから分量は一つの基準と考えてください。

この本では、カレーのほかに私の台所を預かる一主婦としての心がまえとでもいったことを、思いだすままに付記しました。

それは料理や材料にまつわる私の思い出であったり、台所道具のことであったりするのですが、なによりそこに私の食べることへの姿勢を感じとっていただきたいと思います。ひょっとしたら単なる自己満足や、頑固《がんこ》さゆえの思い込みもあるかもしれません。

しかし私には家庭の主婦として、日に三度温かいものを作り、家族にはおいしいものを食べさせたいという願いから、ずっと続けてきたことばかりです。

★

最後に私の母について、少しばかり述べさせてください。

母は何事についても潔癖といえるくらいきちんとやる人で、掃除はもちろん、台所仕事のお葉の洗い方、魚の処し方ひとつについても一家言を持って実行する人でした。料理についても同様で、たとえばみそ汁のだしじゃこを選ぶについても、青々と粒のそろったものを買い求め、おいしくないからと頭とわたをとり、二つに割《さ》いて、なおぎらぎらの皮を洗い流してから使うといった大変な念の入れようでした。

ですから、料理作りには絶対に必要な手間はかけるという風で、朝食といえども調理の時間を惜しまなかったようです。母の存命中、私は年末になると母の所に行き、母のおせち作りを手伝って、それもうらじろのかいしきを敷いて見事に詰め合わせたものをもらって帰ってまいりました。

こんな母に育てられましたから、料理作りに手間をいとわない心は、いつのまにか私のものともなってしまいました。私の娘たちが、台所のかたづけを私の流儀で手伝い、掃除機はスリッパのなかまでかけているのを見ると、わが家の家風が受け継がれていくという思いを強くいたします。

家風など古いと思われるかもしれませんが、女が女である以上、それは母親が伝えるべき立派な仕事ではないかと思うのです。レトルト食品のパックを、三分間湯につけこんだところで、なにも伝わるものはないはずです。こんな時代だからこそ、いっそう女の仕事を再認識する必要があるのではないでしょうか。

1

日曜日に作りたい リッチなカレー

1 リッチなカレーとは

カレーは、でも、なら料理ではない

カレーがいつ、どのような形で日本に伝わったのか詳しいことは、はっきりしていません。しかしカレーがインドに生まれ、イギリスを経由して日本にやってきた、いわば舶来《はくらい》の料理であることだけは確かです。

ところで現在の日本のカレーは、全国津々浦々《つつうらうら》の家庭で少なくとも月に一回は食卓にのぼり、給食にでれば子どもたちがやんやの喝采、キャンプのメニューともなれば唯一無二《ゆいいつむに》という大変なもてはやされようです。これは、カレーが日本を代表する家庭料理と化した証《あかし》であり、日本料理といってもさしつかえないのではないかと思います。

私自身の経験でも、長く外国生活をしていて、たまらなく食べたくなったのは、お茶漬け、みそ汁とカレーだったという記憶があります。なにしろ、インドや東南アジアの一部を除けば、カレーはまずお目にかかれない食べ物なのです。

それほどまでに日本の味として定着したカレーですが、私は現在の日本の各家庭で食べられる即席料理のカレーに、たいへん不満を持っています。

カレーというと先にも述べたように、「なにもないから今晩はカレーにでもしましょうか」とか、「私、カレーなら作れるわ」といった扱われようですが、カレーは本来、たいへん取り組みがいのあるリッチな料理であり、けっして、でも、なら料理ではありません。

リッチとは、かならずしも材料の贅沢さを意味しません。時間と手間をかける、それがリッチな料理です。どんなに贅沢な材料を用意しても、手間を惜しんだら材料のよさは生きてきません。

私のカレーは、スープをとるところから始めますから、ほぼ半日はかかります。「ルーをポチャンのカレー」で慣れた方には、ひどく億劫《おつくう》と思われるかもしれませんが、かけた手間と時間は充分に報われるカレーです。

もし男性が、日曜日にカレーを作ってみようとお考えでしたら、ぜひ、私がお勧めするリッチなカレーをお試しください。奥さまのピンチヒッターでも、経済料理でもないリッチなカレー、それは男性が取り組んでみるだけの価値はあります。カレーはまた、鮮やかな包丁さばきも、細かな手仕事も要求しない点で、たいへん男性向きな料理でもあるのです。

私の夫は、ドイツ系のアメリカ人ですが、大方のアメリカ男性のイメージからはほど遠く、まずめったに台所に立つことはありません。その彼が年に一、二度、それは雪の降りそうなたいへん寒い日に台所を占拠することがあります。ガターという彼にとってのおふくろの味を作るためです。

　このガターというのは、豚のひき肉と玉ねぎのみじん切り、それにオートミールを、まず水からコトコト煮てペースト状にします。それを今度はフライパンにたっぷりととり、ゆさぶりながらこんがりとバターで焼き上げるというたいへん時間のかかる料理です。

　この間《かん》彼は、アメリカにいる母親に思いを馳《は》せつつこの料理を作るのでしょう、私と娘たちのヘルプをやんわりと拒絶いたしますので、私たちもまたその聖域を侵すことなく、できあがりを待ち続けるのです。そして母親に教えられたとおりに、ここでローリエをとり去るとあれば、きちんと幼子《おさなご》のように従うのです。私はこういう男性の律義《りちぎ》さが、ある意味では料理に慣れてしまっている女性とたいへん違う良さではないかと思っています。

　近ごろでは、台所に出没する男性を、ゴキブリ亭主などと蔑称《べっしょう》しないばかりか、ゆとりあるステイタスシンボルとして多少眩《まぶ》しい思いで見るくらいです。男性の数ある道楽のなかでも、料理だけは、熱中するほどに家族じゅうが歓迎する価値ある道楽です。

香りを食べる

　私は、以前インド人の家庭に食事に招かれたことがあります。そのさい、家の主人がいっさい料理の味をみず、召使《めしつか》いのさしだす料理の前に鼻を持っていって「うん、これでけっこう」といっている姿にたいへんおどろきました。それと同時に、「キザな人だ」と思ったことがあります。

でもこれは、私の無知のしからしむるところで、インドではカレーは香りを食べるものなのです。香りをきき分ければ、味も料理の食べごろもわかるというのですから、さながらインドの大魔術といったところでしょうか。とても私などにできることではありませんが、それほどに香りがカレーの死命を制するということなのでしょう。フランス人が香りを着るなら、インド人は香りを食べるといえそうです。

ところでインドには、インスタントルーはおろか、カレー粉すらありません。一〇種から三〇種ほどのスパイスを各家の好み、材料に応じて取り合わせ、つぶして、いわゆるカレー粉を作るのです。

市場に行きますと、まるで巨大なスパイスボックスにまぎれこんだようです。といっても、多くは地べたにむしろなどを敷き、壺やら麻袋などに所せましとスパイスを並べた店がほとんどです。たいていの場合、年寄りの売り手がなにか大声でスパイスの香りのなかからさかんに呼びかけてきます。

インドの主婦は、こうした店からスパイスを買い、その使い分けによって料理の味を変えるわけで、そこがまた主婦の腕の見せどころでもあるのです。つまり、一にスパイス、二にスパイスで、辛みは二の次。辛みの正体は唐がらしですから、その多少で辛みはかんたんにコントロールできるのです。ですからインドでは、まるで辛くないのに、カレーの香りがする料理もあり、いかに香りをつけるかが、カレー作りの最大のコツです。一つまみのスパイスが味を左右するため、インド料理は一種のアートだともいわれます。

スパイスについては、また後で触れることにしますが、リッチなカレーを作るには、カレーはまず香りにあることをご記憶ください。そのためには、インスタントルーではとても本当のカレーは作れません。数種のスパイスを用意して、これをこつこつとつぶすところから夢幻ともいえるカレーの香りの世界が始まります。

ソースのとろみは野菜でだす

カレーというと私たちはあのとろーっとしたカレーソースを思いだします。これがどこで生まれたかとなると諸説紛々《ふんぷん》です。一説にソース王国フランスが作りだしたものというのがありますが、どうでしょう。私はフランスを旅してカレーに出会ったことはありません。

ではイギリスかというと、イギリスにはたしかにカレー粉はあっても、その使われ方といったらわずかに風味づけとしてスープなどに入れることがある程度です。

私はあのとろっとしたカレーは、案外日本人が生活の知恵のなかで生みだしたものではないかと思います。文明開化のころハイカラな食べ物として牛なべができあがり、イギリスからカレー粉が運ばれて来て、そこに葛《くず》あんを使った吉野仕立ての伝統が、両者をいつのまにかミックスしたと考えたりするのです。

いまでもおそば屋さんのカレーうどんは、かつお節のだし汁にかたくり粉でとろみをつけていますが、私はこのあたりが日本のカレーの原型ではなかったかと思うのです。そこへ西洋料理の作法が普及して、小麦粉をいためてとろみをだす現在のような方法が一般化したと想像できます。

ところで、近ごろのインスタントルーは、この小麦粉をいためるという、カレー作りの一つの作業すらも簡略化してしまいました。しかしルーのパッケージを見ると、その材料欄にはちゃんと小麦粉が記載されており、依然としてカレーのとろみは小麦粉澱粉《でんぷん》がにぎっていることがわかります。

実は私も、母からカレーは小麦粉をよくよくいためてと教わった一人ですが、十数年前にインドカレーを知ってから、私のカレーからは小麦粉が消えました。タイなどでもそうですが、あちらのカレーのとろみの、その自然なおいしさは小麦粉をいわば糊状にしたものとは格段に違います。

私のカレーソースは、玉ねぎ、にんにく、しょうが、にんじん、セロリ、りんごなどをいためて煮つぶすか、こしたりするのが一つの基本です。ミキサーなどでつぶしてから煮ることもあります。なかには、くるみやカシューナッツ、ココナッツなどを細かく刻んで加えたりもします。

スキー場などで、糊が歯にからまるようなカレーを食べられた経験をお持ちではないでしょうか。私のカレーソースが習慣になると、きっとインスタントルーの糊分が神経にさわるようになるはずです。ソース作りにはまず一時間半は必要です。リッチなカレーを召し上がりたいときには、〝野菜でとろみをだす〟という方法に、今後はぜひきりかえてください。

買い物も、女房殿にまかせない

料理屋やすし屋さんの仕入れは、朝が早いので大変ですが、この仕事はれっきとした花板さんや、脇板さんのものです。味を作ることに無関係な下働きの人は、この仕事に関わることはできません。

ならば日曜日、リッチなカレーをと志《こころざ》されたのなら、ぜひ、買い物もご自分の手でなさって、仕上げの完成度を高いものにしてください。

奥さまに命令なさるだけでは、牛ロース変じて豚こまと化す場合もあるわけで、料理をはじめる前から創作意欲をそがれるのが心配です。もちろん奥さまの側にはそれなりに事情があるのですから責められませんが……。

もし、「男がマーケットなどうろうろできるか」とおっしゃるのでしたら、それは男の沽券《こけん》という、正体不明、前時代の常識のうろこにびっしりおおわれた、気の毒な方だとしかいいようがありません。

もちろん奥さまのポーターよろしく、デパートの雑踏を粛々とつき従うだけでは、それは特に昭和ひと桁代の方にとって、屈辱に満ちた苦役にすぎないかもしれません。しかし、ひとたび主体性を持って食品売場を歩かれたなら、そこは素晴らしい自己解放の場であると断言できるように思います。なにより食欲という本能に根ざしていますし、女性と違って遊びでいいという特権があります。

私の主人も、前述のガターを作るさいには、自分で買い物をして帰ってまいります。豚ひき肉の脂身と赤身のまざりぐあいに、微妙な違いがあるとかで、とても私ごときにまかせられないというわけですが、なにやらそれだけではないものがリラックスした表情にうかがわれるのです。

ま、そういうわけで、明日はカレーと決めたなら、仕入れもご自分の手でなさってください。もしご自宅にスパイスがなかったなら、それも忘れずに。きっと奥さまが目を丸くされるでしょう。意あまってすぐにも始めたいというのでしたら、深夜でもどうぞ。私のカレーは、できればソースをひと晩ねかせたいので、それこそ大歓迎なのです。

2 リッチな芳香《スパイス》とは

おいしい料理の記憶は、味よりも匂《にお》いにある

ずいぶん昔のことになりますが、ラーメン好きの私が三日にあげずに通ったお店がありました。いつもうす汚れたカウンターの向こうで大きなスープ釜をかきまわしているおじさんは中国の人だったと思います。「ねえ、どうしてこんなにおいしいの?」と問いかける私に、おでこがピカピカ光るおじさんはこう答えたものでした。「ラーメンは味じゃないよ。この香りね。わたし匂いでお客釣るよ。お客、この匂い思いだしてまたやって来るね」。

そういっては、みかんの皮、いまにして思えば陳皮《ちんぴ》やら何やら、スープのなかにポンポン放りこんでいるのでした。

匂いには不思議な働きがあるようです。

私の子どものころの思い出は、食べ物と重なりあって覚えていることが多いのです。いつも初夏のころになると、母が炊いてくれた新じゃがとこま切れの肉、そしていんげんの炊き合わせを懐かしく思いだします。

学校からお昼を食べに息せききって帰って、玄関の格子戸をあけるなり、甘辛い煮つけの匂いが鼻にとびこんできます。つるんと皮のむけたじゃがいもはねっとりとおいしく、ぷつぷつと舌にあたる肉は甘辛くいい匂い、いんげんは汁を含んでしなあーっとなっています。素足にふれる板の間が、ひんやりと心持ちよかったことまで、甦《よみがえ》ってまいります。

こんなこともあります。

ある日ふとなにかの拍子に、匂いとも味ともいえない不思議な感覚が口のなかに湧いてきて、そのどこか覚えのある感じに、「はて、何だったか」と考えてしまいます。そうなると気になってしようがないのに思いだせず、二、三日後ぐらいになって「なんだ、コートダジュールの町はずれで食べたブイヤベースじゃない。サフランの香りがぷんときてムール貝がおいしかった。そういえばあのときの白ワインのよかったこと」と、次から次へと思いだされてくる始末です。もうこうなっては私の食べたい一心は矢のごとくで、材料を求めるためにマーケットにひた走るありさまとなってしまいます。

やはり匂いによって食欲はかきたてられるものです。ですから、味以上にスパイスの重要さを忘れてはならないのです。

男の価値は本棚で決まり、女の価値はスパイス棚で決まる

料理とスパイスとのつながりは、たいそう密接で、スパイスの役割をひとくちにいえば、料理に個性を持たせるということかと思います。

よく私の生徒さんから「このスパイスがないときはどうしましょう」と聞かれるのですが、「香料が入らなければそれだけの料理です」とついついすげない返事をしてしまいます。それはそうです。わさびぬきのにぎりずしをご想像いただければ、容易にご理解いただけるでしょう。

ヨーロッパでは古くから「男の価値は本棚に並んだ本の中身で決まり、女の価値はスパイス棚の中身で決まる」といい伝えていますが、日本も早くそのようになれば、どんなにか食卓が豊かになることと思います。

ところで私とスパイスとの出会いといえば、それは二十年近く前のクリスマスにさかのぼります。

主人がクリスマスの飲み物、エッグノッグに入れるためのナツメグを買ってきたのです。エッグノッグは卵と牛乳、生クリーム、粉砂糖をミキサーにかけ、冷蔵庫で冷やすだけの簡単な飲み物ですが、いただく直前にブランデーとバーボンウイスキーを加え、ナツメグをひとふりしたときのおいしさ。私はまさに、舌の上いっぱいに広がる味覚に、たったひとふりのナツメグの価値を知ったのでした。

以来、すっかりスパイスのとりことなり、アップルパイ、焼きりんごにはシナモン、チーズケーキにはシナモンとバニラエッセンスというぐあいに、主にお菓子作りから入っていきました。お菓子作りはきれいで楽しく、スパイスを使ってみれば、「ああ、この匂いだった」とすでになじみの香りばかりで、どんどんレパートリーが広がっていきました。

たとえば以前から使っていた白こしょうなどは、新しい料理を覚えていくうちにいつのまにか黒こしょうとなり、さらにはこしょうひきでひきながら、フレッシュな香りを楽しむ粒こしょうへと変わっていきました。

こんな形で、お料理のレパートリーがふえれば、スパイス棚が豊かになり、スパイスがふえればさらにまた新しいお料理が加わって、私の料理への傾斜にいっそうの拍車がかかっていきました。

歴史の陰にスパイスあり

外国においては、すでに旧約聖書のなかにスパイスが登場してくるほど、スパイスの歴史はたいへん古いものです。

ここまでさかのぼらなくても、私たちが学生のころ、せっせと暗記させられた西洋史からも知ることはできます。一四八八年、バルトロメオ・ディアス喜望峰発見、一四九二年、コロンブスのアメリカ大陸発見、一四九八年、バスコ・ダ・ガマ、インドに至る、一五二二年、マゼラン船隊世界一周などは、その目的がすべてインドや東南アジアを原産地とするスパイスの獲得にあったというのですから、ヨーロッパのスパイスの歴史がいかに長いかがわかります。それになにより、スパイスが世界地理を書き変えてきた事実におどろかされます。

スパイスをめぐっては、血なまぐさい戦《いくさ》が何回となく繰り返されたことが、歴史上でも明らかにされていません。なぜそれほどまでにスパイスに色めきたったのでしょう。それはヨーロッパの食習慣が肉食にあったからで、肉の保存、消臭にスパイスが欠かせなかったのです。またスパイスの果たす薬としての役割も重要だったのです。

そのスパイスの多くが、インドや東南アジアにしかなかったのですから、争いもおこり、各国こぞってインドへインドへと船をくりだしたわけです。したがって当時のスパイスはまったくの貴重品、こしょうは一粒ずつ数えられ、貨幣として通用したといわれます。重さ一ポンドのこしょうは、銀一ポンドの重さに相当し、ほんの一にぎりのスパイスで、奴隷一人が買えたというほど大事なものだったのです。

では、現代どこの国がいちばんスパイスを使うかというと、まずインドです。その種類の豊富さはおどろくばかりで、しかもフレッシュ、ホールなどたいへんいい状態で使っています。原産国なのですから、びん詰めのパウダーなど使わないのは当然でしょうが、たとえばココナッツひとつにしても料理によって、生《なま》のものと乾燥したものを使い分けるという贅沢さです。

またインド人は華僑《かきょう》のように世界じゅうに進出していますが、インド人の多いアフリカでは、ケニアやタンザニアのほんの片田舎でさえ、スパイスを容易に見つけることができます。インド人いる所スパイスありで、あの気の遠くなるような長い植民地支配の歴史を持ちながら、頑として食習慣を変えないところに、私はインド人のプライドを感じてしまいます。

インドに次いでは、香草《ハーブ》で名高いフランス、そして中国ということになるでしょうか。アメリカはフランスに比べるとスパイスを使わない国ですが、それでも肉を焼いたり、お菓子作りにスパイスが欠かせません。

とりわけスパイスケーキは有名で、こしょう、シナモン、クローブ、ナツメグ、メース、カルダモン、キャラウェイなどがふんだんに入るこのケーキは、焼き方はスポンジケーキとまったく変わらないのに、おいしさの違いは格段で、こんなところにもスパイスの役割の大きさを知らされます。

デリケートな匂いの和風スパイス

ところで私たち日本人とスパイスの関わりはどうでしょう。

日本はヨーロッパに比べて、はるかにスパイスの原産地に近いというのに、長いあいだその影響をまったく受けずにきました。徳川三百年の鎖国という、異常な時代があったのがその一因としても、それよりずっと古くから、日本は仏教国としてインドや中国の文明を色濃く受け継いだというのに、食生活だけはほとんどといっていいほど影響を受けていないのです。

では、まったくスパイスを知らなかったかというとそうでもなく、奈良の正倉院御物には丁子《クローブ》があるということですし、長いあいだ日本の漢方薬種店をにぎわせてきたのが、唐辛子《レッドペッパー》、肉桂、肉荳蔲、小荳蔲、姫茴香、大蒜、丁子、胡荽味などのスパイスでした。つまり、薬や香りとして利用されても、料理としてはエアポケットにあったのです。

しかし私は、この事実だけで日本人はスパイスに鈍感だなどとは露ほども思いません。

外来のスパイスとはまったく関係のないところで私たちの祖先は、料理に、さんしょう、しそ、しその実、青じそ、みょうが、たで、防風《ぼうふう》、けしの実、ごま、麻の実、ゆず、わさび、しょうがなどを使ってきたのです。これらはみな、立派な和風スパイスです。草もちのよもぎ、桜もちの桜の葉などもその一つです。

いずれもいわゆるスパイスのイメージとは違いますが、日本では長いあいだ肉食の習慣がありませんでしたから、その必要もなかったのです。日本は四季おりおりの材料に恵まれていますので、その素材の持ち味を生かして味わうのが、日本料理の真価なのです。したがって前述のような和風スパイスが、薬味や吸い口の形で愛好されてきたわけです。

吸い物のお椀《わん》のふたをとると、ゆずの皮の小片が一瞬の香りとなって鼻孔をくすぐり、筍《たけのこ》の煮物には、さんしょうの葉が一枚そえられる――こんなにデリケートな匂いの感覚を、私たちは民族的に持っているのです。

ただし、これからリッチなカレーを作ろうとなさるなら、それはもう西洋料理の領域、スパイスの枠をそれなりに広げなくてはなりません。

リッチなカレーはスパイスが決め手

カレー作りの楽しさは、まず幾種類ものスパイスを合わせるところから始まります。粒状のスパイスを、マッターでとんとんつき始めますと、あの食欲をそそるカレーの匂いが立ちのぼって、さあ、食べてやるぞーっ、といやがうえにも作業意欲を盛り上げてくれます。

近ごろのデパートやスーパーマーケットの食品売り場にはたいていスパイスコーナーがあり、びん詰めや缶詰のスパイスがずらりと並んでいます。形態もホール状あり、フレーク状、パウダーとあって、さてなにを買うかとなると選択に迷ってしまいます。

総じていえることは、国産は便利なパウダーが多いのに比べ、輸入品はホール、フレーク、パウダーと種類豊富です。香り中心に考えれば、パウダーは少し格落ちです。コーヒー豆を自宅でひいて使われる方なら、スパイスについても同じことがいえるとおわかりでしょう。

その意味で多少高くても、輸入品ということになります。高いとはいっても、スパイスは調味料のように、どさっと使うものではありませんし、密閉容器に保存すれば、一年間は使えます。経済性はまず論外においていいのではないでしょうか。

ところでひとくちにスパイスといっても、その数は八〇種にも及びます。いずれもスパイスですから香りのないものなどはありませんが、カレーに必要なスパイスを中心に働きを分けてみると、次のようになります。

①辛みをだすスパイス

赤唐がらし、チリペッパー、黒こしょう、白こしょう、マスタード、にんにく、しょうが、クミンシード、コリアンダー。

カレーの辛みの大半は唐がらしです。辛口がお好きなら、赤唐がらしかチリパウダーを加えればよいのです。また、にんにく、しょうがは、パウダーを使う必要はまったくありません。手近にある生《なま》のものこそ最高です。

②色づけをするスパイス

ターメリック（黄色）、パプリカ（赤色）、サフラン（桃色）、マスタード（黄色）。

カレーの黄色はターメリックによるもので、日本ではウコンともいい、昔からたくあん漬けに使っています。しかし一般にはあまり使うチャンスもないので、これはカレー粉にまかせるにかぎります。

③臭みを消すスパイス

月桂樹の葉（ローリエまたはベイリーフ）、タイム、セージ、クローブ、キャラウエイ、にんにく。

月桂樹の葉はスープストックをとるときはもちろん、肉料理一般に絶対に欠かせない重宝なもの。香りも抵抗なく、肉料理には必須といってよいくらいです。

④香りをつけるスパイス

オールスパイス、カルダモン、キャラウェイ、フェンネル、ナツメグ、メース、クローブ、シナモン、クミンシード。
もっともスパイスらしいスパイス群。料理にリッチな雰囲気をもたらします。くぎの形をしたクローブは日本名が丁子《ちょうじ》、中国語でくぎの意味で、京都のお菓子八つ橋に使われるシナモン（肉桂）はおなじみです。

さて、以上を全部そろえるのは、少し大変なことです。その前にカレー粉という便利な一品があります。カレー粉は一〇～三〇種のスパイスをブレンドした複合香辛料なのです。メーカーによって辛みの強いもの、スパイスが特にきいたものと、多少の違いはありますが、使い分けをするまでの必要はありません。

カレー粉だけでは個性的なカレーは作れませんので、そこでお勧めするのがガラムマサラです。ガラムマサラとはインドの言葉で基礎香料のことで、香味野菜のなかにガラムマサラだけが入ったカレーをマサラカレーといっています。

ガラムマサラの中身は、シナモン、クローブ、ナツメグの三種を同割にして、マッターでつぶすか、スパイスミルで粉末にしたものです。ただしシナモンは、粉にするのがむずかしいので、パウダーでよいでしょう。この本の材料表にあるガラムマサラはすべてこのようにして作った基礎香料のことです。この三つは、お菓子作り、パン作りにもたいへん役立ちますので、ぜひご用意ください。

その他は使う頻度からいって、別格の赤唐がらし、にんにく、しょうがを除けば、粒こしょう、月桂樹の葉、パプリカ、オールスパイスになるでしょうか。

そして最後に、クミンシード、フェンネル、キャラウェイ、コリアンダーなどを、少しずつ使いなれて、お宅のスパイス棚を充実させてはいかがでしょう。

3 リッチなスープとは

スープストックは冷蔵しておくとよい

私の古い友人に、江戸っ子気質《かたぎ》のベテランコックがおります。その彼が先日珍しく訪ねてきて、「近ごろはどうも目がかすんでね」などといいながらも口だけは達者に曰《いわ》く「ああた、このごろのカレーってえのはどうにも怖ろしいねえ。肉だの野菜だのをパッパッといためて、キャラメルみてえなスープの素とかいうのを放りこんで、ついでに古くなった石けんみてえなのをポチャンと落としてそれでできあがりてえんだから……。あんなものはあたしにいわせりゃ、やけに辛いごった煮だね。あたしなんざ一人前のルーを作るのに、ずいぶんと泣かされたし、いまだにこれだっていうスープを仕上げるのに苦労してるってえのにね。やはり何ですよ、カレーはおいしいスープストックでのばしてやらなくちゃ」。

私もまったく同感です。

最もデリシャスなカレーといったら、コンソメスープでのばしたカレーということになると思います。コンソメ自体がたいへん贅沢なスープなのですから、これでのばすとなればまさにロイヤルカレーということができると思います。でも、かぎりなく琥珀《こはく》色に近いコンソメを作ることは至難の業、また、そこまですることは、カレーの場合、屋上屋を重ねる感もあって不要です。

しかしリッチなカレー作りに、おいしいスープストックをとることだけは必要条件です。ところが近ごろの女性は、多忙のせいか、便利な固形やら顆粒《かりゅう》やらのスープの素があるためか、スープストックをとることにあまり熱心とはいえません。煮込む時間や、これをこすという作業に二の足を踏むのかもしれませんが、慣れれば何でもないことです。

おいしいスープストックでのばしたカレーソースは、牛やら鶏やら入れなくたって充分カレーのおいしさを堪能《たんのう》できるほどの仕上がりとなります。

私の子どものころの記憶では、毎朝の目覚めは母がカタカタとかつお節を削る音と、ぱっと立ちこめるみそ汁の香りとともにあったように思います。それも近ごろでは顆粒状のだしの素をさらさらっとふり入れるお宅が多いようで、なんとも料理が味気なく、薬みたいだと思います。

食卓が洋風化したこのごろなのですから、ここらでスープストックをとることを、お宅の食習慣に加えられてはいかがでしょう。スープストックは冷蔵庫に保存すれば五日ぐらい保《も》ちますし、もっと保たせたいときには一度煮立てて完全にさめてからまた冷蔵すればよいのです。

スープストックは、スープ、シチュー、煮込み料理、ソース類のすべてのベースになるものですから、これがあることで食生活全体が確実にレベルアップいたします。

スープはほほえむように作る

「スープはほほえむように作る」とは、フランスの文学者で、食通のほまれ高いアレクサンドル・デュマの言葉ですが、あわてずにゆっくりと、時間をかけて作るスープの神髄をいいえて妙だと思います。

ここでご紹介するストックは、火を弱火におとしてから二〜三時間は煮て、ゆっくりとエキスをとりだし、目の細かいざるで静かにこします。上手にとれたストックは、きれいに澄み、肉や野菜、香料などの匂いが、渾然《こんぜん》一体、えもいわれぬ芳香となって流れでます。

材料は次のページの表のとおりです。

鶏ガラは完全に骨だけという悲しいものでなく、いくらかの肉が、気持ち残された、そんなガラを売るお店を探しましょう。また鶏ガラだけではストックのこくがいま一つもの足りないので、骨つきの牛すね肉を加えてみます。

材料

鶏ガラ……………………2〜3羽分
骨つきの牛すね肉…………700グラム
セロリの葉……………1本分
にんじん………………半本
玉ねぎ…………………小1個
パセリの軸………………1〜2本
にんにく…………………1片
月桂樹の葉…………1〜2枚
タイム…………………少々
水……………………10〜15カップ

まず鶏ガラと牛すね肉をよく水洗いします。血がついているとあくがでやすく、あくがとりきれないとうまみを消すので、鶏ガラは特に血合い、脂の部分を充分に洗ってとり去ります。

大きなストックなべに、鶏ガラ、牛すね肉、水を入れて煮立て、煮立ったら火を弱めてほぼ三〇分丹念にあくをすくいとります。このときボウルに湯を用意し、お玉であくをすくってボウルに放し、お玉も洗う気持ちでするのがよいでしょう。途中三回ぐらい、ボウルの湯を換えます。

あくがでなくなったら、香料を加えます。最初から入れては、あくとともに香料のうまみまですくってしまうので意味のないことです。

大切りにした玉ねぎ、にんじん、セロリの葉、パセリの軸、丸ごとのにんにく、月桂樹の葉、タイムを入れ、たまにぷーっとくるくらいのごく弱火で、あくと脂をとりながら気長に煮出します。つねに材料に湯がかぶっている状態で、仕上がりが三割方減る程度に煮ますが、途中、蒸発しすぎるようなら水を加えます。

小皿にとって塩をぱらぱらとふり、飲んでみておすましのようにおいしければできあがり。目の細かいざるでこしとります。スープにする場合は、さらに、布巾《ふきん》を敷いて二度こしますが、カレーの場合は一度で大丈夫。細かいあくが下に沈みますが、これを使わなければよいのです。

ただし、表面に脂肪分が浮いていると、やはり味をそこなうので、さめたところを密閉容器に移し、冷蔵庫に入れて脂肪分を固め、それをとり去ったところでできあがりとなります。

すね肉は骨からはずして、フレンチドレッシングで和《あ》えたり、ポテトサラダに加えたり、あるいはそのまま塩、こしょうして焼くなど、いろいろに利用できます。

4 ビーフを使ったリッチなカレー

リッチなカレーの極めつき

一個を五〇グラム大に切った牛肉がごろごろ入っている、リッチの極めつきカレーです。

カレーソースをたっぷり一時間半はかけて煮込み、そこへ別なべでスープ煮した牛肉を加えます。市版のカレールーを使いなれた方には、なかなか手間がかかって大変と思われるかもしれませんが、できあがったときのおいしさは格別です。このカレーソースをマスターすれば、あとはチキンカレー、シュリンプカレー、ポークカレーといろいろに応用できます。

材料（6〜7人分）

カレーソース

玉ねぎ……………3個
にんにく…………3片
しょうが…………2センチ角
にんじん…………2本
セロリ……………1本
紅玉りんご………1個
ラード……………大さじ5〜6
オールスパイス、カルダモン……各3粒
クローブ…………5粒
シナモン、ナツメグ、コリアンダー、フェンネル、メース……各小さじ1
月桂樹の葉………2枚
赤唐がらし………1〜2本
カレー粉…………½カップ
トマトケチャップ…半カップ
ウスターソース……大さじ3
塩…………………大さじ1と半分
スープストック……7カップ
牛バラ肉…………1キログラム
スープストック……1〜2カップ
プレーンヨーグルト……1カップ
他にカレー粉、ガラムマサラ、パプリカ、ラード、バター、塩、こしょう

基本のカレーソースから煮始める

それではリッチなカレーの基本であるカレーソースの作り方をご紹介しましょう。

まず玉ねぎ、にんにく、しょうが、にんじん、セロリは皮をむいて薄切りに。りんごは皮つきのまま四つ割りにして薄切りにします。

次に厚手のなべにラードを熱して玉ねぎ、にんにくを中火弱で約一時間半くらい、嵩《かさ》が三分の一になるまでいためます。

このとき焦がさないようにあめ色になるまで気長にいためるのが最大の秘訣です。さらにしょうがを加えて三〇分ほどいためます。

ここへにんじん、セロリ、りんごを加えてさらに各種の香辛料、カレー粉、トマトケチャップ、ウスターソース、塩、香りをつけるためのオールスパイス、カルダモンをつぶしたものと、種をとった赤唐がらしを加え混ぜ合わせます。

材料に脂がなじんだら、なべ肌を洗うようにスープストックと月桂樹の葉を加え、強火で煮立てて火を弱め、浮いてくるあくをとり除きます。

なべにふたをして中火よりやや弱めの火で一時間から一時間半ほど煮込みます。煮上がったら、あら熱がとれるまでそのままおき、粒状のスパイスをとり除きながら、目の粗《あら》いこし器でこしてできあがり。できれば裏ごしした状態で一晩ねかせてください。味がなれてさらにおいしくなります。

牛肉は柔らかく煮てからソースに加える

牛肉を最初からカレーソースで煮込むと、カレー粉などで身がしまり固くなるので、別なべでスープ煮して加えます。

牛バラ肉は一個五〇グラム大の角切りにし、水気をふいて塩、こしょう、カレー粉、パプリカ少々をまぶします。なべにラードを煙がたつまで熱し、牛肉を並べて丹念に裏返し、一つ一つ焦げ目をつけて別なべにとりだします。脂を捨て、ここにスープストックをひたひたに加え、ひと煮立ちさせてあくをとり、あくがでなくなったらふたをして、肉が柔らかくなるまで充分煮ます。

カレーソースを加え、焦がさないように中火弱でなべのなかをかきまわしながら約二〇分煮ます。

煮上がったら味をととのえ、プレーンヨーグルトを加えてさらに一〇分ほど煮ます。おろしぎわにバターと基礎香料のガラムマサラ各少々を入れてふたをし、香りをこもらせて仕上げます。

牛肉は切り口が鮮紅色で乾いたものがよい

ビーフカレーでは、ごろごろした牛肉が魅力なのですが、たくさん買ってくるには、相当の決意がいります。外国生活の経験がある私にとって、牛肉を買うときほど、日本の物価高を痛切に感じることはありません。

その昔、放牧の盛んだったアメリカ中西部では、例年お祭りがあると、ローディオなどで街じゅう楽しんだあと、たき火をかこんで勢いよくもえさかるなかに、大きな牛肉のかたまりをポンポン投げ込んで焼きいもならぬ、焼き肉を作ったということです。

その食べ方がまた豪勢で、すっかり焼けて炭化した外側には目もくれず、肉汁がしたたるばかりの中身だけをえぐって食べるのだそうです。まず三分の一から半量は灰になってしまうのですから、日本人としては気の遠くなるような話です。

それだけに、こちら日本では牛肉を買うことにゆめゆめ失敗があってはなりません。よく牛肉の安売りなどに、人が群がり買っているのを見かけますがどうでしょう。まず牛肉だけは、信用のおけるそしてまた牛肉がよく売れるお店を選ぶことが第一です。

肉の見分け方は、なかなかむずかしいものですが、かたまりの断面を見ると、ある程度わかります。いったいに切り口が水っぽいものはよくないようで、こういうものにかぎり、きめが粗く、赤みも濃い感じです。それに対して良質の肉は、切り口がすぱっと入り、肉がしまっているために断面が乾いた印象を受けます。きめが細かく、色は鮮紅色で、脂肪の部分はまた純白と、見るからにおいしそうです。

さてカレーやシチューなど時間をかけて煮込む料理には、よくバラ肉が用いられますが、あまりに脂が多いと、煮ているうちに脂が溶け、肉がちぎれてしまいます。白い脂がまじっている霜ふりなどが見つかると最高でしょう。しかし、バラ肉がいやだからとヒレ肉を使っても、煮込み料理では意味のないことです。その場合にはロースの隣にあたるランプ肉などがお勧めできます。

せっかく時間やお金をかけて作るリッチなカレーです。中身の中心である牛肉の選び方には細心の注意を払ってほしいと思います。

5 チキンを使ったリッチなカレー

ソース作りは気長に

五四〜五六ページのカレーソースにトマトジュースとヨーグルトを加えて、肉のうまみに酸味をプラスしたチキンカレーです。たっぷり一時間煮ると、鶏肉にカレーの味が含まり、肉がホコッと骨からはずれる感じになるおいしさは、チキンカレーの醍醐味《だいごみ》でしょうか。

鶏骨つき肉は大きめのぶつ切りにしてよく水気をふきとり、カレー粉、塩、こしょうをまんべんなくまぶしつけます。

材料（6〜7人分）

鶏骨つき肉……………………1500グラム
カレー粉…………………………大さじ1
塩、こしょう…………………………各少々
ラード………………………大さじ3〜4
カレーソース
玉ねぎ…………………………………2個
ラード……………………………半カップ
しょうが………………………………2片
にんにく……………………………4〜5片
トマトジュース……………………1カップ
カレー粉……………………………大さじ3
ガラムマサラ、クミンシード…各小さじ2
黒こしょう、シナモン……各小さじ半分
カルダモン……………………………8粒
赤唐がらし……………………………2本
ヨーグルト…………………………1と半カップ
スープストック…………………………適宜

厚手のシチューなべにラード半カップを熱して玉ねぎ二個分のみじん切りを、中火弱で約三〇分全体にしんなりあめ色になるまで気長にいためます。しょうが、にんにくおろしを加えさらに炒め、トマトジュースを加え、材料表の分量のカレー粉、ガラムマサラ、クミンシード、黒こしょう、シナモン、カルダモン、種をとった赤唐がらし、ヨーグルト、スープストックを加えてまぜ合わせ、ひと煮立ちさせます。

下味をつけておいた鶏肉を、大さじ三〜四のラードでいためます。中火で鶏肉全体にいい焼き色がつくまで丹念にいためて、カレーソースが煮立ったところに加えます。

中火弱で、あくをとり除きながら、ゆっくりと三〇～四〇分ほど煮ます。焦がさないように、ときどきなべのなかをかき回しながら煮上げてできあがりです。赤唐がらしはとりだすこと。淡いカレー色にヨーグルトの酸味が加わり、ひと味違った風味となります。

若鶏はソテーに、親鶏は煮込みに

このカレーのおいしさはチキンそのもののおいしさに酸味が加わったところにあります。とはいってもチキンには元来、カレー風味とマッチする柔らかさがあるように思います。

近ごろでは、鶏肉といえばブロイラーになってしまい、安価で求めやすい利点はありがたいとしても、味についてはなんともおおまかでチキンの風味に欠けると思います。そのうち日本人は本当の鶏のおいしさを忘れてしまうのではないかと心配になってきます。

なにしろ、このブロイラーという鶏、夜となく昼となく強制的に餌《えさ》をついばませられ、食べ疲れては休むという生活をくり返し、生後約二カ月でマーケットのショーケースに並ぶというのですから、まさに即席鶏肉。昔は百日びなと呼ばれていた若鶏が、三割も短縮された日数で育ち、しかもブロイラーのほうが目方は二〇〇グラムほど多いという嘘《うそ》のような話です。

本当に鶏らしい味がして、脂ののった鶏といったら、やはり専門店で求めるしか方法がありません。もっとも近ごろでは、その専門店が数少なくなってしまい、なんとも心細いのですが……。

鶏肉の柔らかさは、かならずしもうまみにはつながらないものです。焼き上がりの皮のぷりんとめくれた脂ののった鶏は、うまみとともにほどよい歯ごたえをあわせ持っています。ちなみにもっとも食べごろの鶏というのは、生後一二〇日から一四〇日くらいの雌鶏で、卵を産み始めたばかりのころとか。

「人間でいえば、若い娘、そうですなあ、一八、九といったところかな」と、これは鳥屋のご主人の話。

鶏の大きさは小びなの二カ月ぐらいから、親鶏の一〇カ月ぐらいまでと何段階かありますが、大切なことは料理によって使い分けることでしょう。たとえばソテーに適した若鶏をシチューにして煮込んでは、脂がとんで肉がばさばさしてしまいますし、反対に脂ののりきった親鶏をソテーにしても、ちょっと歯ごたえがありすぎてということになります。このリッチなチキンカレーの材料には脂ののった鶏肉を使いたいものです。

ホームメイドのカレーの薬味

リッチなカレーには、種類だくさんの薬味が欠かせません。薬味はカレーによって決まっているわけではありませんから、ご家庭の好みでいろいろに工夫なさってください。たっぷりと時間をかけて煮込んだカレーに、ちょっと口あたりの違う薬味をかけて、まぜて食べるおいしさはカレーならではのものです。

レストランなどでは、カレー薬味の御三家のように、紅しょうが、らっきょう漬け、福神漬けがでてまいりますが、これにこだわる必要はありません。

薄切りやみじんにきざんだ、くるみ、アーモンド、カシューナッツ、ピーナッツなどのナッツ類は、パリッとした歯ごたえとともに、特有の香りがおいしいものです。

酸味をプラスするにはピクルス、煮りんごがいいと思います。プレーンヨーグルトも一度お試しください。

インドでは、唐がらし、カリフラワーなどの野菜に塩味をきかせてカレー風味にしていました。

カレーの薬味として知られるチャツネは、くだものの漬け物です。マンゴー、ライム、ピーチなどを甘辛く煮たもので、びん詰めが市販されています。

ホームメイドもできます。紅玉りんごなどがよいと思いますが、小さな薄切りにして、しょうが、にんにくの薄切り、赤ざらめ、りんご酢とともに、弱火でくたくたになるまで煮つめればよいのです。お店で買った薬味もけっこうですが、わが家の味のホームメイドこそ、カレーの食卓を楽しくしてくれる名脇役ではないでしょうか。

6 ポークを使ったリッチなカレー

ナッツ入りカレーは、カレー料理の最高峰

カレーソースのなかにナッツが入っているカレーで、カレーの香りとナッツの油がたいへんリッチな風味をもたらします。

インドでは、カシューナッツ、アーモンドなどナッツの入ったカレーをコルマカレーといい、カレー料理の最高峰とされています。なぜ肉類よりもナッツを使うと最高峰なのか、日本人の感覚では少し腑《ふ》におちないと思いますが、おそらくインド人と私たちの味覚の違いからくるものだと思います。

いずれにしてもカレー風味をナッツでひきたてるというところに、カレー道を追求してやまないインド人の、味覚に対する姿勢を感じることができると思います。

カレーで知られる新宿・中村屋には、「コルマ家のカレー」という一品があります。説明によりますとコルマ家とは、インドの王室ということですが、先日、私がインドを訪れたさいには、コルマ家を知る人はだれもいませんでした。私はかってに没落王家を想像したのですが、

王家没してカレーに名を残すなんて、いかにもインド的な話だと思います。

材料（6〜7人分）

豚バラ肉……………………1キログラム
カレー粉………………………小さじ2
ラード…………………………半カップ
塩……………………………小さじ3と少々
こしょう…………………………少々
カレーソース
玉ねぎ……………………………2個
カシューナッツ…………………半カップ
しし唐……………………………8本
赤唐がらし………………………3本
にんにく…………………………4片
しょうが…………………………1片
カルダモン………………………2粒
シナモン………………………小さじ1
クミンシード、コリアンダー、クローブ……
……………………………各小さじ半分
スープストック……………………4カップ
ヨーグルト…………………………1カップ
サフラン……………………………小さじ半分
ガラムマサラ……………………小さじ1

戦前、中村屋のご主人が、インド独立の闘士、ラスビハリ・ボースをかくまったことはあまりに有名ですから、コルマ家のカレーの秘伝はラスビハリ・ボースが伝えたものではないかと思います。

ソースにナッツを加える

さて作り方ですが、豚バラ肉は脂身の少ない部分を選び（リブロースでもよい）、三センチ角に切って、カレー粉小さじ一、塩、こしょう少々をまんべんなくまぶします。なべにラードを熱して、豚肉を入れ、全面に焦げ目をつけてとりだします。

このなべに玉ねぎの薄切りを入れ、あめ色になるまで、三〇分ほどいためます。途中、ラードが足りなければ加え、最後にカレー粉小さじ一、塩小さじ三をまぜ合わせて、さっといためます。

玉ねぎをいためているあいだにカシューナッツ、しし唐、種をとった赤唐がらし、にんにく、しょうが、カルダモン、シナモン、クミンシード、コリアンダー、クローブ、スープストック一カップをミキサーにかけ、糊のようなペースト状にしておきます。

玉ねぎが充分いたまったら、ミキサーの液体をあけ、スープストック三カップを加えてなべ肌を洗うようにまぜ合わせ、煮立てます。

とりだしておいた豚肉、ヨーグルト、サフランを加え、中火の弱で煮込みます。あくを丹念にすくいとり、あくが浮いてこなくなったらふたをして、さらに一時間ゆっくりと煮ます。途中、焦げつかないようになべのなかをかきまぜてください。

味をととのえ、おろしぎわに基礎香料のガラムマサラをふり入れてすぐふたをし、匂いが立ったところをいただきます。

かんたんにできる手作りラード

ポークにかぎらず私は肉をいためるときにはたいていラードを使っています。肉には動物性の脂がいちばん適しているからです。バターでもよいのですが、シチューのように煮込むときにはせっかくの香りがとんでしまうので、バターは仕上げに用います。

ところでラードというと、ふつうはチューブに入って市販されているものを使う方が多いと思いますが、なんとももったいない話です。純白に精製された市販のものは、おいしさの点でもこくが足りません。ラードは手作りでかんたんにできるのですから、ぜひお宅でお作りになってください。

材料は豚の背脂と水。背脂はわざわざお買いにならなくても、脂肪の多いロース肉などを買ったときに、少しずつそぎとってフリーズしておき、まとまったところでラードにします。また、懇意のお店なら、背脂くらいお買い物のついでに分けてくれるのではないでしょうか。

作り方ですが、厚手のフライパンに適宜に切った背脂と水少々を入れ、ふたをしてごく弱火にかけます。いつのまにか溶けますから、脂がすっかりでたところで、こしとります。あら熱がとれたら密閉容器に移し、冷蔵庫に保存すれば、いつでも使えます。

ラードはこんなにかんたんにできるのです。ホームメイドのラードで料理する、そんなわずかなことだけで、料理がいっそう楽しくなるのだと思います。

7 ラムを使ったリッチなホット・ホットカレー

四分の一の値段でも、おいしさは牛肉と同じ

いわゆるカレーというより、粗びきラムのたっぷり入った煮込みです。

材料（6～7人分）

ラムロインチョップまたはショルダー……粗めに挽く1500グラム
カレー粉……⅓カップ
ラード……大さじ3～4
玉ねぎ……大1個
にんにく……3片
しょうが……1片
トマト……大4個
オールスパイス、カルダモン……各4粒
コリアンダー……大さじ2
シナモン、ナツメグ、クローブ……各小さじ半分
赤唐がらし（青唐がらし）……各2本（あれば青唐がらしは粗めにきざむ）
月桂樹の葉……2枚
スープストック……2～3カップ
他にヨーグルト、ガラムマサラ、塩、こしょう……各少々

ラムとはマトンになる前の、生後一年未満のものをいいますが、肉がきわめて柔らかく、しかも脂が充分にのってたいへんおいしいものです。

日本では最初に品質の悪いマトンが輸入されたせいか、いまだにマトンやラムをきらう方が多いようです。でも本当は一度食べるとその独特のおいしさにつられて二度、三度と食べたくなるような肉なのです。特有の匂いも、ラムはマトンに比べてずっと少なく、なじんでくると焼いているときの脂が焦げる匂いがたまらなく魅惑的になってきます。なにより、あの憎らしいほどに高い牛肉に比べてお値段は四分の一ほどなのに、そのおいしさといったら勝るとも劣らないくらいなのです。

おいしいうえに安くて、こんなにうれしい肉はないとまで思っています。

そのラムの代表的な料理としてレッグ・オブ・ラムがあります。まず四〜五キロはある足一本に塩、こしょうをふりかけ、にんにくを数カ所にさしこみます。次にバターをたっぷりと塗りつけ、ぐるぐる転がしながら焼いて、生焼《なま》けの状態のところにミントのソースをかけていただくものです。

わが家では来客料理によくするのですが、どのお客さまも、主人が切り分けるのを待つのももどかしく手がでるほどで、一度食べるとやみつきになるといっていいほど、豪華で魅力あふれる料理です。

カレー風味が匂いを消す

さて本題のラムのホット・ホットカレーの作り方ですが、ラムは粗めに挽き、カレー粉大さじ一、塩、こしょうをまんべんなくまぶしつけます。

厚手のなべにラードを煙がでるまで熱し、ラムを入れて混ぜながら焦げ目をつけてとりだします。

このなべに、玉ねぎのみじん切り、にんにく、しょうがのみじん切りを入れて、中火の弱でとび色になるまで気長にいためます。ラードが足りないようなら少しずつ加えてください。

ここへラムをもどし入れ、香りをつけるオールスパイス、カルダモン、シナモン、ナツメグ、臭みを消すクローブ、辛みをだすコリアンダー、種をとってみじん切りにした赤唐がらし、カレー粉を加えてちょっといためます。唐がらしの利いたカレーは、塩あじを少々キツメにすること。

カレーの匂いが立ってきたら、皮をむき適宜に切ったトマト、スープストック、月桂樹の葉を加えて、なべ底の焦げつきを洗うようにまぜ合わせ煮立てます。煮立ってきたら火を弱め、あくを丹念にすくって、あくが浮いてこなくなったらきっちりふたをして、弱火で一時間ほど煮込みます。焦げないようにときどきまぜます。

ヨーグルトを加えて味をととのえ、おろしぎわに基礎香料のガラムマサラ少々をふり入れてふたをします。汁気の少ない、ラムの旨味たっぷりのホット・ホットカレーです。

道具ひとつも味を左右する

リッチなラムのホット・ホットカレーは、ラムのカレー煮といったところですが、厚手の大なべに粗挽きのラムがたっぷりと入っているのは、見た目にもおいしそうに感じるものです。

私は、カレーのときにはいつもオレンジ色の鉄の鋳物に、ホーロー加工した大なべを使っています。なにしろ厚手ですからなべ自体が重いうえに、具《ぐ》などが入りますから、はっとひと息入れないことには持ち上がらない始末です。

火あたりが抜群によいうえに、十年あまりの酷使に耐え、びくともしない頑丈さには、ますます愛着がわいて、おそろいのフライパンともども毎日手入れをしながら大事に使っています。

何個かある純白のホーローなべも、オーブンに長時間入れて料理したりしますので、よく人におそろしくて見ていられないといわれますが、惜しげもなく使っているご当人の気分は最高です。外国製のホーローなべは、色が美しいだけでなく、たいへん丈夫にできていて、普通に使っても一生ものだと思います。清水《きよみず》の舞台から飛びおりる思いで手に入れたものも、結果的には上手な買い物ということになるのです。

道具類はなんでもそうですが、大切に扱うあまり、戸棚の奥にしまいこむだけでは意味がありません。頻繁に使っても、あとの手入れさえおこたらなければ、古くなればなっただけの貫《かん》緑《ろく》がでてくるものです。

使用後は、なべ底から柄まで、ていねいに磨きあげ、乾いたタオルで水気をきれいに拭うことが長もちさせるコツです。

カレーのなべは、色や香りがつきやすいので、できれば専用なべを一つ用意しましょう。もちろん使った後の手入れがよければおそるるに足りませんが、気分の問題です。少なくとも、木じゃくしだけは絶対独立させましょう。

気分ひとつで料理の味も変わってきます。使いやすさ、丈夫さ、見た目などを充分に考慮すれば、けっきょく高価なものに手がいってしまいますが、それでも結果の見返りのほうが、はるかに大きいと思います。

8 えびを使ったリッチなカレー

フランス風のおしゃれなカレー

十数年前（当時）、名だたるえびの輸出国、タイに住んでいたことがあります。マーケットに行きますと、えびが形もわからないほどバスケットに山になって盛られ、やたらに安いお値段で売っているのです。種類も豊富で、大きいのから小さいのまで、まず日本では見たこともないものが、たくさんあります。

えびの豊富な国にいるうちにたくさん食べておこうと思い、フランス料理風に作ってみたのがこのカレーです。カレーソースに生クリームをたっぷり入れた、優しい口あたりのカレーで、ちょっと辛めのえび入りポタージュといったものです。えび特有のおいしさを味わうには、それなりの分量が必要ですから、ちょっと奮発しましょう。取り合わせもピラフなどハイカラにしてみてください。塩あじは淡く!! カレー粉も少なめ、淡いカレー色（ただし香りはとても良い）。えびとマッシュルームの風味をいかすことです。

材料（4～5人分）

芝えびまたはさいまきえび……………………殻つき500グラム
にんにく……………………みじん切り1個
玉ねぎ…………………みじん切り1個
マッシュルーム……………………100グラム
カレーソース（作り方はビーフカレーと同じ
五四～五六ページ参照）……………………2カップ
ナツメグ……………………少々
サフラン……………………小さじ1
生クリーム……………………300cc
バター……………………大さじ3～5
他に塩、こしょう

えびを煮すぎないのが絶対のポイント

えびは殻と背わたをとり、マッシュルームは薄切りにします。なべにバターを溶かし、にんにく、玉ねぎをしんなりするまでいためます。よくいたまったら、えびとマッシュルームを加え、手早くいためて塩、こしょうをします。別に温めておいたカレーソース、ナツメグ、サフランを加え、ひと煮立ちさせ、生クリームを入れて温める程度に火を通します。えびは煮すぎると身がしまって小さくなってしまうので充分に気をつけてください。

よく研《と》いだ米は光沢がちがう

インドなどではカレーは独立した料理ですが、日本ではご飯ときってもきれない関係にあるといえます。

カレーのご飯は炊きたての熱々《あつあつ》につきるようです。水加減は普通より少なく、洗いあげた米より一～二割方少なめにしてパリッと炊きあげたいものです。

そのご飯をおいしく炊く秘訣の第一は、よく研ぐということです。何の変哲もないことなのですが、近ごろはしゃっしゃっと澄んだ音をたててお米の研げる人がどうも少ないように思います。知り合いのお嬢さんが、「爪をのばしてマニキュアをしているから、私、お米は泡立て器で洗っちゃう」とすましていったのには、おどろきのあまり沈黙してしまいました。そして心のなかで「爪をのばしていては、ろくな料理も、満足な育児もできないであろう」などと思ったものです。

それはさておき、私は何十年も前に母がしていたように、口をつぐんで腕に力をこめ、しゃっしゃっとお米を研いでいます。ゆすぎ水が完全に澄みきるまで、何回も研ぎ、ゆすぎをくり返して炊いたご飯は、ほれぼれするような光沢があります。

その炊き方ですが、わが家では飯盒《はんごう》のような形をした、厚手のアルミなべを使っています。これに水加減した米を入れて火にかけ、沸騰してきたらぐるっとひとまぜして、あとは中火弱のオーブンに入れて、二〇分ほどで炊きあげます。下にちょっと焦げ目がつき、たいへんおいしいご飯となります。電気炊飯器の場合は、二度炊きにするとおいしいという説がありますが、どうでしょうか。

ところでインドでは、カレーに白いままのご飯はあまり見かけません。もちろんホテルなどにはありますが、「スティム・ド・ライスを……」とわざわざオーダーしなければならないくらいです。

お米の種類が違うせいもありますが、普通はバターライス、サフランライスなどのピラフにすることが多いようです。では、ちょっとカレーにあった簡単な玉ねぎだけのピラフをご紹介しましょう。

みじん切りの玉ねぎをバターでいためたなかに、洗いあげた米を入れていためます。米より二割方少なめの水とドライベルモット少々、塩、こしょうを加えて強火で炊き、吹きあがってきたらひとまぜして中火弱に熱したオーブンに二〇分間入れます。

炊きあがったら、水にさらして水気を切ったきざみパセリをふっていただきます。グリーンピースや、アーモンド、カシューナッツ、くるみ、ピーナッツなどのナッツ類を加えてもよいでしょう。

電気釜を使って、パラッとおいしいピラフを炊いている知り合いのインド人に、「秘訣はなにかしら?」とたずねたことがあります。日本人が外国人にお米のことを聞くなんてと笑いながら教えてくれたのが、米屋でいちばん安い古米を買うということでした。「なるほど」と感心したのをいまでも覚えています。

9 魚を使ったリッチなカレー

シーフードガンボ

ガンボはひじょうに数少ない純アメリカ生まれの料理です。ニューオリンズの名物料理で、どこのレストランのメニューにもあり、有名なスープメーカーの缶詰にもなっているほどポピュラーなものです。

ガンボとはアフリカのスワヒリ語で、オクラのことをいうのですが、オクラはアフリカが原産です。しし唐の兄貴といった体裁で、青くさい香りと粘りが特徴。

そのガンボ料理は、さらっとした実だくさんのスープといったもので、とろみにかならずオクラと、北米原産のスパイスの一種であるササフラスの葉が入っています。種類も豊富でビーフガンボ、チキンガンボ、ベジタブルガンボ、シーフードガンボというぐあいに、中身によって呼び名が変わります。

材料（6～7人分）

はまぐり……………………14個
白身魚（ほうぼう、金目だい、甘だい、皮はぎ、あなご、生だらなど）…1200グラム
芝えび500グラム、または伊勢えび大1尾
いか…………………………1ぱい
玉ねぎ………………………1個半
にんじん……………………1本
にんにく……………………3片
しょうが……………………1片

完熟のトマト………………2個
セロリ、パセリ……………各少々
オクラ………………………大10本
赤唐がらし…………………3本
カレー粉………小さじ2～3と大さじ3
コリアンダー………………小さじ2
ガラムマサラ………………小さじ半分
オリーブ油…………………大さじ3～4
他に塩、こしょう

ところでシーフードガンボは、フランス・マルセイユの名物料理、ブイヤベースにたいへんよく似ております。ニューオリンズは、フランス色の濃い街ですから、オリジナルはフランス人が作りあげたのでしょう。それにアフリカ人の郷愁が加わってできたのが、ガンボではないかと思うのですが……。

魚のスープストックをとる

まず魚の下ごしらえ。はまぐりはよく洗い、白身の魚は頭とわたをとってぶつ切りにします。芝えびは背わたをとり、伊勢えびの場合は頭をとってぶつ切りに、いかは姿のまま皮をむいて輪切りにし、耳と足はストック用にします。

魚、えび、いかにはカレー粉小さじ二〜三、塩、こしょう少々をまぶしつけて、一時間ほどつけておきます。

スープなべに玉ねぎ半個の薄切り、つぶしたにんにく、しょうが各一片、セロリの葉、パセリの軸を入れ、魚のアラ、いかの耳と足も入れて水をかぶるくらいに加えます。強火で煮立てて、あくが浮いてきたら火を弱め、あくをすくいとります。そこに種をとって小口切りにした赤唐がらし、コリアンダー、基礎香料のガラムマサラを加え、あくをとりながらさらに三〇〜四〇分煮ます。辛めのストックができたら、目の細かいこし器でこしとります。

なべにオリーブ油を熱して、玉ねぎ、にんじん、にんにく、セロリのみじん切りをゆっくり一五分ほどいため、カレー粉大さじ三、塩小さじ二、白身魚、皮をむき種をとって一センチ角に切ったトマトを加えて、さっといためます。

ストックをもどし入れて強火で煮立て、小口切りのオクラを加えて一〇～一五分、あくをとりながら煮ます。

塩、こしょうで味をととのえ、はまぐり、えび、いかを入れて、はまぐりの口があいたらできあがりです。

器にとり、ご飯をさらさらに入れて、ご飯がふくらまないうちにいただきます。

アボカドソースのサラダは、カレーにピッタリ

シーフードカレーは海の幸をカレー風味でアレンジしたものですが、そんなカレーの添え物といったら、やはりサラダに尽きるようです。サラダといえば、私はバンコクのレストランで食べた大根のアペタイザーを思いだします。

それは老婦人がマダムの小さなフレンチレストランでしたが、ステッキに切った大根を、ピラミッド状に盛りあげた細かい氷にさして持ってくるのです。ただ塩をふって食べるというだけのものですが、場所が場所だけにとても清涼感があり、しかも食事の最初ですからいやがうえでも食欲をそそられるのでした。

もっとも簡単なサラダといえばレタスサラダでしょうが、私はよくアボカドソースで和《あ》えます。

アボカドを二つ割りして種をとり除き、スプーンでとりだした身に、にんにくを利かせたフレンチドレッシングをまぜ合わせたソースでレタスを和えるのです。冷たく冷やしたガラス鉢に、これまた冷やしたレタスとアボカド、あるかないかの薄い緑色が、とても目に涼しいサラダとなります。

フルーツサラダもよいものです。あんず、黄桃、プリンスメロン、グレープフルーツ、オレンジ、梨などを大きく切って皿の上に盛り合わせ、サラダ油とレモン汁、けしの実と砂糖少々を合わせたドレッシングでいただきます。

来客のさいのサラダには、私はよくトマトアスピックをいたします。これは玉ねぎとセロリのみじん切りをさっといため、スープストックで煮てから、ゼラチン入りのトマトジュースを加えてこし、型に入れて冷やし固めるもので、冷たくつるんとした手のかかったサラダとなります。

スパイスの香り豊かなカレーと清涼感あふれるサラダ、数ある料理のなかでも抜群のコンビではないでしょうか。

10 野菜を使ったリッチなカレー

肉にあきたときに試してみるこくのあるカレー

インドは菜食主義者が多いことでも知られていますが、それは宗教上の約束事であると同時に、酷暑によって衰えがちな消化機能を野菜で充足させるという、たいへん賢明な考えに基づいてもいるようです。

ベジタリアンたちは、バターはもちろん、動物性のスープストックも用いませんが、代わりに蛋白源《たんぱくげん》として、豆類をよくとります。

野菜だけのカレーというと、淡泊な感じに思われるかもしれませんが、わずかの肉が入るだけのカレーよりはよほどこくがあります。豆、じゃがいも、きゅうり、かぶなどは、煮ることでこくとうまみのでる野菜で、これをゆでこぼさず、一つのソースのなかで煮上げます。肉にあきたとき、試してみるに充分値するリッチなカレーです。

材料（6〜7人分）

うずら豆……………（乾物）1カップ
玉ねぎ……………………………2個
にんにく…………………………3片
しょうが………………2センチ大1片
赤唐がらし………………………2本
完熟のトマト……………………3個
しし唐がらし…………………10本
じゃがいも………………………2個
小かぶ……………………………7個
きゅうり…………………………2本
スープストック……………3カップ
カレー粉……………大さじ2〜3
ガラムマサラ………………小さじ2
ナツメグ、カルダモン、クミンシード……………各小さじ半分
レモン汁……………大さじ2〜3
他にサラダ油、バター、塩、こしょう
プレーンヨーグルト…………適量

野菜の持ち味でソースを作る

うずら豆はよく洗ってひと晩水に漬け、漬け汁ごと柔らかくなるまでゆでます。湯が多すぎたら捨て、少しとろみのある状態で二カップを用意します。

なべにバター大さじ二、サラダ油大さじ一を熱して、玉ねぎの薄切り、にんにく、しょうがのみじん切り、種をとって小口切りにした赤唐がらしをしんなりするまでいためます。

基礎香料のガラムマサラをふり入れてちょっといため、皮と種をとってざく切りにしたトマト、しし唐がらし、さいの目切りのじゃがいも、皮をむいて二センチ角に切ったかぶ、二セン

チ長さの小口切りにしたきゅうり、ゆで汁ごとのうずら豆を加えます。

スープストックを加えてなべ肌を洗うようにまぜ合わせ、カレー粉、香りをつけるナツメグとカルダモン、塩小さじ三を入れてふたをし、約三〇分、中火で煮込みます。焦げつかないようにときどきまぜ、水気が足りなかったらスープストックを加えます。

味をととのえ、おろしぎわに香りをつけるクミンシードをふり入れてふたをし、香りが立ったら、器にとります。レモン汁をふりかけ、好みでヨーグルトをかけていただきます。ご飯は白飯より、ピラフなどがよいでしょう。

「They hate me.」

話は脱線しますが料理はずいぶん手間をかけても、食べるだんになれば、あっというまになくなるものです。でも、いくらリッチなカレーを一生懸命作っても、食べてくれる人が気にいらないときほどがっかりすることはありません。日本のご主人のなかには、新聞片手に黙々と食事をなさる方もいるようですが、これでは少し、作ってくれた人に対して思いやりがないといえそうです。

私の主人は、料理にはほとんどタッチしない人ですが、おいしいときにはこちらの目尻が下がるほどおいしそうに食べ、まずいときがあっても、ストレートにまずいとはいいません。とても上手にいうので、私などは後になって気がつく始末。ともかく、労力に対してはつねに感謝があるのです。

日本人と外国人の違いということもあるのでしょうが、いつだったかアメリカの友人を食事に招いたとき、こんなことがありました。

テーブルに並んだ私の手作り料理を、それはおいしそうに食べるのに、たった一つ、ピーマンに魚と香味野菜を詰め、オリーブ油で焼いた料理にまったく手をつけないのです。不審そうな私の気配を感じとったのか、その彼曰《いわ》く「They hate me.」つまり、〝どういうわけか、こいつがぼくをきらってね〟というのです。日本人なら「ぼくはピーマンが嫌いです」で、白けてしまうところでしょう。ずいぶん前のことですが、これはいまだに覚えています。

そういえば私の友人で、こんなことをいっていた女性がいます。「うちの主人は、馬のように食べることは食べるけど、なにを作っても揚げてあれば『おっ、天ぷらか』、煮てあれば『煮しめだな』でしょ、はりあいがないことおびただしいのよ。私の料理がレベルダウンしたのは、きっと彼のせいよ」と。

まあ故・遠藤周作《えんどうしゅうさく》先生いうところの「メシ、フロ、ネル」のご亭主よりはベターかもしれませんが、女性心理からいって、彼女の嘆きはもっともと思われます。

もし、奥さまの料理の上達を渇望なさるのでしたら、三つの条件を満たすことです。

一つは申すまでもなく、おいしいときには素直に「おいしいなあ」とおっしゃることです。

二つめは、奥さまともども外でおいしいものを召し上がることです。なにしろ食べたこともないものを、作ることを要求しても無理なのです。

そして最後が、ご家庭で食事をなさることです。どこのご家庭でも、ご主人がいらっしゃれば、気を入れて少しでもおいしいものをと心がけられるのではないでしょうか。

2

その日の気分で作る
ホルト風即席カレー

1 いざというときもルーを使わないカレー

なぜ固形ルーを使うの?

先日、わが家でカレーを作っておりましたところ、食いしん坊なことにかけては人後に落ちない私の友人が、ひょこっと飛びこんでまいりまして、靴《くつ》をぬぎぬぎいうのに、「わーっ、きょうはホルト家のカレーが食べられる、久しぶりに舌が喜ぶわ」。

なにしろこの友人、昔からカレーが大好きで、ことカレーについては、並々ならぬ素養の持ち主なのです。そのときも毒舌まじりに蘊蓄《うんちく》の一端を披露《ひろう》したあげく、「以前はよそのお宅でカレーを食べる楽しみがあったけれど、いまはルーを使うからどこで食べても同じ。楽しみがなくなっちゃった。それに一流といわれるホテルのカレーでさえ、最近はスパイスが鼻孔をくすぐり、思わず唾液《だえき》をのみこむようなものに、お目にかかれなくなったわ。匂いのないカレーなんて」と慨嘆ひとしきりです。

まさか一流ホテルでインスタントの固形ルーを使っているとは思えませんが、少なくとも一般家庭のカレーをつまらないものにしている元凶は、固形ルーではないか、と私は思うのです。

実はこのカレーの本を作るまで、わが家ではまったくインスタントルーを使ったことがありませんでした。で、このさいと思い、固形ルーを調べてみる気になったのです。

まずおどろいたのは、どこにでも売っているということ。スーパーマーケットはもちろん、どんなに小さな乾物屋でもちゃんと置いてあるのです。塩のない酒屋はあっても固形ルーはある、肉屋や八百屋にもあるというぐあいで、その背後にひたひたと押し寄せるメーカーの存在を考えないではいられません。

さらにおどろいたのは、その種類の豊富なことです。一つのメーカーからでさえ、何種類ものルーがでている、なかにはビーフ用、チキン用、ポーク用、シュリンプ用と分類したものまである始末で、日本の主婦が過保護なのか、メーカーが親切すぎるのか、ただびっくりするばかりでした。

ともかくも、それだけあるというのは、それだけ売れるという証《あかし》であり、固形ルーが日本の家庭をそんなにまで魅了しつくしているということなのでしょう。以後三日間にわたり、私が固形ルーを使いに使ってみての結論は、「なぜルーを使う必要があるのだろう」という疑問でした。

固形ルーには個性がない

私は自宅の小さな台所で料理を知人に教えております。そこで、私の抱いた疑問を生徒さんたちにまずぶっつけてみたのですが、みんな、返事に窮するありさまで、はかばかしい答えが返ってきません。十人中九人は固形ルーを使っているというのに、確たる根拠もなく、さながら「ルーがそこにあるからだ」という感じなのです。

それでいて「〇〇メーカーの××がおいしい」「私は△△にりんごをすりおろして入れるの」「はちみつを入れるといいのよ」と、ルーをめぐって、それこそインスタントな工夫を際限もなくおしゃべりするのです。

そのうちに、「あら、カレー粉なんてあるんですか」という若いお嬢さんまで現れて、私はもう完全に絶句。どうしてこんなことになってしまったのでしょう。

私の家からテレビが消えて久しいのですが、考えるに、ルーのコマーシャルは三歳児でも知っているくらいしつこく流されるけれど、カレー粉のほうはまったくない、あれが原因ではないでしょうか。

近い将来に、固形ルーがしょうゆやみそと同格に等しい調味料としての市民権を獲得し、カレー粉のほうは消え去るのではないかと、そんな恐怖まで感じてしまいます。聞くところによると、削って使う業務用の特大ルーまであるというではないですか……。

私はいつぞや、某官庁の地下食堂でカレーを食したことがあります。このご時世に目をむくほどお安い値段はともかく、「どうしたらこうもまずく作れるのだろう」と不思議に思ったものですが、あれは業務用ルーで作ったカレーだったのでしょう。

私はインスタント食品がすべてまずいとは申しません。しかし固形ルーは不要だと思います。固形ルーは、カレーのうまみというものが、じつは味もさることながら香りにあることからはずれています。たくさんの種類はあっても、香りからいえば大同小異。だから友人がいうように、作った人の味がでずにどこのカレーも同じになってしまうのです。

また固形ルーになにかをプラスするというのもどうでしょう。ルーはすでに調味された、それなりの完成品ですから、なにかを補ってもかえって妙なことになるだけで、気やすめにすぎません。なにかを入れるのなら、それはカレー粉に入れるべきなのです。

また、カレーをインスタントルーで作る大半の人々は、ルーが上手に自分では作れないからでしょう。ルーはフライパンで作るものと、決めこむからいけないのです。ルーを作るには、カレーを煮込むなべでまず野菜をいためます。そこへ粉を加え、充分にいためればよいのです。野菜の水分と粉がうまくまざっていためてありますから、少々乱暴にスープストックをあけても絶対にだまにはなりません。

ルーで失敗するのは、粉に対してバターの量が少ないとき、スープストックが熱せられていないとき、火が強すぎたとき、つまり粉を煮る液体の量が少なすぎるときなどです。まぜ合わすとき、泡《あわ》立て器を使うとうまくいきます。

料理はなめながら作る

京都のお料理屋、「千花《ちはな》」は私が好きで通うお店の一つです。

私はどこそこにおいしいものがあると聞けば、万障くり合わせてでもでかけるのですが、たとえばホテルなら、一皿一皿ボーイがうやうやしく料理を捧《ささ》げ持ってくるといった気の張るところよりも、グリルのそれもカウンターに陣取って、コックさんの手元を見ながら、料理のできあがりを待つ、といった雰囲気《ふんいき》が無性に好きです。

で、「千花」でも例のように、白木のカウンターの前に座って、黙々と立ち働く板前さんたちの姿をうっとりと眺《なが》めているのですが、ここのご主人、吸い物を作るのにもまず一〇回は味見をいたします。娘など連れて行こうものなら、「まーだ！」と何度も催促されます。でも、私はあの吸い汁が唇に触れ、舌にのり、上顎《うわあご》をかすってのどに走り去る、一瞬のひらめきのような味覚の悦楽が忘れられずに「そのとき」を待つわけです。そしていつも胸をうたれるのが、二十年、三十年と同じものを作りつづけながら、なおかつ一〇回は味をみる、その味に徹した姿です。

ところで話を本題の固形ルーに戻しますが、ああいういわばできあいのものは、なめながら作るという料理の鉄則をしだいに忘れさせるものではないでしょうか。カレーでいうなら、辛くしすぎたらミルクやケチャップを入れてみる、ピリッが足りなかったら唐がらしを加えるというように、味を調べながら作ることで楽しみが倍加してきます。小皿の一滴をなめてみて、

「きょうは上出来！」と会心の作ができたときのうれしさ、「早く食べさせたい」という心のおどりがなくなったら、女はだめになると思うのです。

玉ねぎ、にんにく、しょうがのうまみ御三家は欠かせない

ここでご紹介するのは、時間がないけどどうしてもカレーが食べたいとき、急な来客があったときのカレーです。私なりの即席ですが、もちろん固形ルーは使いません。カレーのルーは使っても、シチューなら小麦粉をバターでいためて自分でルーを作るという人が多いようですから、そのつもりで、ここらで脱カレールーを試してください。いためたなべでそのまま煮込みますから、ほとんどなべ一つです。

ただし手順はリッチなカレーと同じです。違うのは突然の急場しのぎですから、なかの材料に、調味したものを使います。戸棚を開けたらコンビーフがあり、台所にピーマン、トマトがあった、これだけあれば上等です。

またカレーというと、カレーのなかに煮込まれているじゃがいも、にんじんのイメージが強くありますが、それより大切なのは、ソースとなる玉ねぎ、にんにく、しょうがです。これがカレーのうまみを作りだす御三家で、あとはカレー粉と少量のスパイスがあれば、即席でも立派なあなたのオリジナルカレーができあがります。

2　いざというときのコンビーフカレー

ラブ・アップルを加えたコンビーフカレー

なにもなくても、コンビーフの缶詰があれば、あとはあり合わせの野菜と、なべ一つ、ほぼ三〇～四〇分で煮上がりますから、ご飯と並行して作ることができます。

材料（4人分）

コンビーフ……………200～300グラム
玉ねぎ………………………大1個
にんにく……………………2片
ピーマン……………………3個
トマト……………完熟のもの大2個
スープストック……………………3カップ
ラード、またはバター…………大さじ3
他にカレー粉、小麦粉、塩、ウスターソース、タバスコ

なべにラードまたはバター大さじ三を熱して、薄切りの玉ねぎ、おろしにんにく、さいの目

切りのピーマンをいためます。しんなりしたら、カレー粉と小麦粉各大さじ二をふり入れて手早くいためます。そして、コンビーフ、皮をむき種をとってさいの目切りにしたトマト、スープストック三カップを加えて煮立てます。

あくをとり、途中ときどきまぜながら二〇分ほど煮、塩小さじ一、ウスターソース、タバスコ各一〜二滴で調味してできあがり。

コンビーフは塩気がきいていますから、塩を加えるまえに、かならず味見をしてください。

このカレーには、トマトの甘みと淡い酸味とが加わります。インドのトマトは酸味がきつく、カレーのうまみの一つ、酸味をつける意味でよく使われます。

せめて、夏場の出盛りのときだけでも、生のトマトを使ってほしいものです。

トマトは西洋野菜のなかでもっとも古く日本に伝えられたものの一つです。ごく初期には観賞用だったようですが、文久《ぶんきゅう》年間にはすでに野菜として渡来しています。横浜に入港した外国船のコックによってトマト、サラダ菜、パセリ、ラディッシュの種子が横浜の根岸《ねぎし》村に伝えられ、以来、この地が洋野菜栽培の最初の根拠地になったということです。

アメリカでは、トマトを愛のりんご《ラブ・アップル》といったりしますが、サラダはもちろん、煮たり焼いたりそれはもうさまざまに使います。

日本では、古く伝わったわりにはいまだに生野菜の域からあまりでていないのはたいへん残念なことです。

丸のままを串に刺してのバーベキューやバター焼きのトマト、シチューに入れて煮込んだトマトなど、わが家ではいつも争奪戦を演じます。舌の上でズクッとつぶれるときの、独特のすっぱみがなんともおいしいのです。

熟したトマトで作るトマトソースも、玉ねぎ、にんじん、セロリ、ハム、にんにくを加えるとかんたんにできあがります。もちろん細かいこし器で完全にこして使います。こさないままをスパゲティにかけたり、ご飯にかけてもおいしいものです。ソースには皮をむき、横二つに切り、種をとり除いてから調理します。

3 いざというときのミートボールカレー

ミートボールカレーは、子ども向き

子どもはなぜああもひき肉料理が好きなのでしょうか。私の小さな甥《おい》っこがミートボールのカレーが大好きだと弟の嫁から聞き、以来、わが家では、小さなお客があると、このカレーを試しています。子どもはカレーが大好きで、おまけに丸く団子にしたものに不思議に執着する

習性がありますから、たいていの場合、大成功。テーブルクロスに無残な地図を作ることなど、まったく念頭になく、それはそれは大事そうにミートボールを食べてくれます。

ボウルに、肉、玉ねぎ一個分のみじん切り、牛乳でしめらせたパン粉、卵黄、塩、こしょう少々を入れ、柔らかくなるまで充分に練りまぜます。なにかの本で、ひき肉をまぜるときはポリ袋を手袋代わりにしてこねるなどとありましたが、そういう精神ではおいしいものはできません。粘りがでるまでうんと練るには手にかぎります。

材料（4人分）

合いびき肉……300グラム
玉ねぎ……小2個
パン粉……大さじ3
牛乳……大さじ3
卵黄……1個分
じゃがいも……2個
にんじん……2本
にんにく……1片
トマトケチャップ……1/3カップ
はちみつ……大さじ1
スープストック……2カップ
月桂樹の葉……1枚
他にバター、サラダ油、カレー粉、小麦粉、塩、こしょう

これを食べやすい大きさのボールに丸め、厚手のなべにサラダ油半カップを熱したなかに入れて、ころがしながら中火でいため揚げて、とりだします。油大さじ二ほどを残して捨て、バター大さじ一を足して、つぶしたにんにく、さいの目切りの玉ねぎ、じゃがいも、にんじんを

焦がさないように六～七分いためます。

カレー粉大さじ二、小麦粉大さじ三を加えてさっといため合わせたところに、トマトケチャップ、はちみつ、スープストック二カップを加えてなべ底をこそげるようにしてまぜながら煮立てます。あくをとり、月桂樹の葉を入れてふたをし、野菜が柔らかくなるまで二〇～三〇分煮ます。ミートボールをもどし、一〇分ぐらい煮て味をととのえたらできあがり。

さてここまではスタンダードのミートボールカレーですが、いっそう子ども向きにするには、①カレー粉をひかえる、②スープストック一カップを少なくして代わりに、仕上がりに牛乳一カップを加える、③野菜といっしょにレーズンを加える、④薬味にマンゴー、アプリコットなどつぶれるくだものを添えるのがコツです。

テーブルクロスも料理の一つ

さて食事のさい、わが家では食卓にかならずテーブルクロス、またはランチョンマットを使っております。子どもにかぎらず、すてきなテーブルクロスは、食欲を刺激せずにはおきません。テーブルセッティングは子どもたちに小さいときから手伝わせてきました。いまでは心得たもので、ランチはランチらしく、ディナーはそれらしく上手に配色よくセットします。

私は若いころからこういったものを買い集めるのが好きで、それがいつのまにか小ダンス一棹《さお》もの量になってしまいました。古いものでは、かれこれ二十年近くも前にサイゴンで求めた青、黄、オレンジそして紫地に白い縫い取りのあるマットがあります。好きでよく使うものですから、だいぶ色もあせ、縁がほころびはじめているのですが、つくろいながら大切に使っています。

ピンク地に一面いちごのプリントのあるナプキンは、いちご色のマットと合わせて春先によく使います。

真夏の暑い日には、白地にトルコブルーで大きく染め分けした涼しそうなマットを。またベージュに黒、そして赤の格子のどっしりとした厚手の麻のクロスは、冬の夜暖かい感じがほしいときにかけます。

このようにお皿や室内との色合いを考えながら、いろいろに取り合わせて楽しんでいます。めったに使いませんが、ハンガリーで買った年代物の鳥や花を刺繍《ししゅう》したテーブルクロスは、わかってくださるかたが、お客さまのなかに一人でもいらっしゃりそうなときに持ちだしてきます。これには二〇センチほどのフリンジがついてますので、使ったあとはていねいに洗い、フリンジには一房ずつ、くしを入れてからアイロンをかけます。

テーブルクロス、マット類は食事に使うものですから、ワインや肉汁がどうしてもつくものです。お客さまのときはもちろんそのたびごとに洗いますが、日常、家族で使っているものも三日に一度くらいのわりでかならず洗っています。

洗ったあとは糊をきかせ、もちろんアイロンをかけ、マット類はそのまま、テーブルクロスは引き出しいっぱいの大きさにたたんでしまいます。

アイロンをかけるのはマットやナプキン類にかぎらず、台所の布巾にもかけます。きちんとたたんでしまっていますので、古くなってもきたなくなるということがありません。ピンとアイロンされた布巾をおろすときの気分のよさは、主婦だけにしかわからないものでしょう。

また、正月やひな祭りなど、和風の食卓を作るときには、テーブルクロスを使わずお盆を活用します。塗りのお盆は、これに指紋一つつけず、きれいに拭きあげて納戸にしまうまで、まあ大変な神経の使いようです。でも好きな道具をいたわって使うのは楽しいものです。鎌倉彫りのお盆が傷ついたときなど、お店に埋めに持って行くのですが、「前よりよくなりましたね」などほめられると、うれしいものです。

4 いざというときの牛ひき肉のクリームチーズカレー

チーズは余熱で溶かせば、風味も生きる

インドではヨーグルトから作ったチーズのパミールをピラフに入れたり、野菜といため合わせたり、上手に料理にとりいれています。

材料（4人分）
牛ひき肉……………………400グラム
グリーンピース………………1カップ半
クリームチーズ………………100グラム
玉ねぎ………………………1個
にんにく……………………2片
しょうが……………………少々
トマト2個、またはトマトピューレー……⅓カップ
他にバター、カレー粉、塩、こしょう

また牛ひき肉のドライカレーには、パミールに似たクリームチーズを使います。グリーンピースを添えると、まさに彩りの鮮やかなカレーになります。

使いかたですが、まずグリーンピースを柔らかくゆで、水をきっておきます。

玉ねぎ、にんにく、しょうがはみじん切りにして、バター大さじ三でていねいにいためます。

ここへ牛ひき肉を加えて色が変わるまでいため、カレー粉大さじ二をふり入れて手早くまぜ合わせます。

塩小さじ二、こしょう少々、皮と種をとり乱切りにしたトマトを加えて、強火で水分を蒸発させるように七～八分いためます。

そこにグリーンピースをもどし、さっといため合わせたところへ、二～三センチ角に切ったクリームチーズを加えて手早くまぜてできあがりです。

クリームチーズは脂肪が多いので、なめらかなとろみがつきます。すぐ溶けますから、チーズを加えたらあとは余熱でまぜる程度にすれば、チーズの風味も生きます。熱々《あつあつ》のところをテーブルに。

残ったクリームチーズカレーは、パンにはさんで、翌日の朝食に

カレーを最初からフリージング用を予定してたくさん作るのは、私はナンセンスだと思っています。それでもしばしば余ることはあるでしょう。これをそのまま温めかえしてだすというのも能のない話です。

私は残りもののカレーが、たとえば三人で食べるのには足りないといったときには、このなかにハムや鶏料理の残りを加えてふやします。一方、冷やご飯をバターいためして、カレーをまぶし、柔らかいドライカレーといった感じにいたします。

これを器に盛り、あり合わせのトマト、ピーマン、ゆで卵などを飾って、残りものとは思えない一品料理にするわけです。

さて、残ったチーズカレーは、火にかけずにそのまま厚切りにしたフランスパンにたっぷりのせ、オーブンで温めます。クリームチーズが溶け、程よくパンにしみこんで、リッチな朝食、あるいは昼食にぴったりです。

話は脱線しますが、アメリカの俗語で「チーズケーキ」というのはセクシーな女性を意味す

るそうです。ねっとりとしたチーズケーキを口にすると、ふとこの言葉が思いだされ、うまいことをいうものだとニヤリとしてしまいます。

チーズは二〇〇余種類もありますが、大きく分けて、チェダー、エメンタール、エダムなどのハードチーズと、カマンベール、ロックフォール、そしてリンドバーガーのようなソフトチーズの二つに分けられます。クリームチーズはもちろんソフトチーズで、カレーにみごとにマッチします。ハードチーズも、おろしてドライカレーや、カレー風味のスパゲティによく合いますので試してみてください。

カマンベールの特殊な風味は、ミルクに含まれるある種のバクテリアが熟成するプロセスで生まれます。熟成の頂点に達すると、バランスをくずしどろどろの状態になりますが、このときがいちばんの食べごろとされています。

これは、生産地でしか味わうことができない貴重なチーズですが、グルマンの珍重する食べ物は、えてして私たちの舌には奇妙な味としかうつらないものです。

でも食べつづけていると、しだいにその匂いや舌を刺すシャープさが私たちをとりこにしてしまい、チーズの魅力をあらためて知ることとなります。

戦時中、疎開先の農家からたまに分けてもらうミルクに酢を加え、一度ヨーグルト状に固まったのを食べた記憶があります。いわゆるソフトチーズの一種でしょう。

いまでは想像もつかないような厳しい食糧事情で、冷蔵庫もないころに、母が農家から教わった貴重なミルクの保存方法だったのでしょう。

現在デパートやスーパーマーケットのチーズ売り場は、さながら大人のお菓子売り場といった雰囲気があります。私自身、それほどのチーズラバーではないのですが、色刷りの銀紙包みやチーズのあれこれに、ついつい目うつりがしてしまいます。

チーズは貯蔵食品とはいえ、自然熟成を経て作られるデリケートな食品です。一度封を切ると、腐敗はしないまでも風味が落ちてしまいます。

保存法を考えるよりは、なるべく少しずつ求め、風味の落ちないまえに使うように心がけたほうがよいと思います。

5 いざというときのツナカレー

ピンチに強いツナカレー

アメリカの缶詰料理、ツナキャセロールをカレー味にしたものです。アメリカの家庭は、どこでも缶詰だけはおどろくほどふんだんに貯蔵していますから、ピンチのときいつでもでき、だれが作っても、味が適当な水準にできあがるツナキャセロールはとても人気があるのです。

材料（4人分）

ツナの缶詰…………………200グラム	牛乳…………………………2カップ
じゃがいも…………………2～3個	パン粉…………………………少々
玉ねぎ……………………………1個	他にカレー粉、バター、塩、こしょう
マッシュルームスープ…………1カップ	

キャセロールまたは耐熱容器に大さじ二のバターを塗り、これにツナの缶詰をあけて油を切って入れ、マッシュルームスープ（コンデンス）一カップ、カレー粉大さじ三、塩、こしょう各少々を加えてひとまぜします。この上に薄切りのじゃがいも、玉ねぎをのせ、ひたひたに牛乳を加えて中火のオーブンに入れます。

最初の三〇分、ふたをして焼いたら、パン粉をふりかけ、バターをポロンポロン落として今度はふたなしで三〇分焼きます。

焼き上がるころには、上に焦げ目がつき、水分がとんでフォークですくえるくらいになります。じゃがいもがむし焼きになるのでたいへんおいしく、その意味で新じゃがでないほうがよいようです。

ツナ以上に貝類もカレーにぴったり

よく人から「アメリカ人って魚を食べない人種でしょう?」と聞かれます。私の答えはいつも「あんなに広い国だから、海から遠い地方では食べないけれど、南部のメキシコ湾、東部の大西洋岸、西部の太平洋岸に近い所に住む人はどうしてどうして日本人以上に食べるわよ」と決まっています。

外国人にいわせると、日本人の体臭はどこか魚くさいそうですから、日本人の魚好きはまず否定できませんが、アメリカ人だって魚をふんだんに食べます。それも食習慣の違いのせいか食べかたは豪快そのもの。

フロリダ海岸で手づかみでとるほど、かにが豊富にとれたときなど、ゆでるなべがなくて、ガスレンジのバーナーを四つとも全開にし、この上にブリキのたらいをのせて、かにをゆでました。殻をむく手も疲れたほど、かにだけで満腹になった夕食でした。

それにキングマクローという、さわらに似た直径一七〜一八センチもある大きな魚を筒切りにしてバター焼きにしたおいしさも忘れられません。

ニューイングランド地方のスティーマーもアメリカらしい食べかたです。はまぐりに似た貝を高さ五〇センチほどの蒸し器で蒸し、溶かしバターで食べるのですが、楽しいことに水が入った蒸し器の下段には、小さな蛇口がついています。火の通るほどに、口をあけた貝のおいしい汁が下段にしたたり落ちるわけですが、その熱い汁を蛇口をひねって各自のボウルに注ぎ、ここで熱々《あつあつ》の貝の砂をざっと洗ってすかさず溶かしバターをつけて食べるのです。テーブルの上はたちまち貝殻の山となるのでした。

話が脱線しましたが、カレーに合う魚は、ツナばかりでなく、白身であればたいていよくあいます。はまぐりや、あさりの貝類も、ツナ以上にカレーにマッチします。ゆでてカレーソースとまぜてもよいし、もちろんバターでいためてからでもけっこうです。また、貝類は、ドライカレーの材料にも適していますので、工夫をしてみてください。

6 いざというときのエッグカレー

カレー粉をひかえ、トマトケチャップをふやせば子ども向き

カレーソースにゆで卵をからめただけのいわば女、子ども向きのカレー。カレー粉をひかえトマトケチャップを多くするほどに、子ども向きになります。

卵はかたゆでにして、粗《あら》いみじんに切っておきます。玉ねぎは薄切り、にんにく、しょうがはみじん切りにし、バター大さじ三でしなっとなるまでいためます。さらに小麦粉大さじ三、カレー粉大さじ二～三を加えて、二～三分いためます。ここへ、皮をむき種をとってみじん切りしたトマト、スープストック、トマトピューレー、トマトケチャップを加え、ひとまぜしてふたをし、コトコトと二〇分ほど煮ます。

ウスターソース一~二滴、塩、こしょうで調味し、器に盛ってからみじん切りのゆで卵をたっぷりかけ、彩りにパプリカをふります。卵はカレーソースで煮てもかまいませんが、美しくということなら食卓にだすときにのせるほうがよいでしょう。また、真半分に切ったのを使っても楽しいものです。

材料(4人分)

卵	4個	スープストック	3カップ
玉ねぎ	1個	トマトピューレー	半カップ
トマト	1個	トマトケチャップ	大さじ2
にんにく	2片	他にバター、小麦粉、カレー粉、ウスターソース、パプリカ、塩、こしょう	
しょうが	少々		

エッグカレーと同じ要領で、豚こまカレーも作れます。このときは玉ねぎやにんにくをいためたところで、肉を加えていためます。薬味にくるみやピスタチオナッツのみじん切りを添えるとよいでしょう。肉は四人分なら四〇〇グラムはほしいところですが、手持ちになかったら、ソーセージ、ハム、ベーコンなどをみじん切りにして加えてもよいのです。

新発見！　たらこカレー

実はこの本を作るさい、私は連日カレー漬《づ》けみたいなありさまでした。いささか辟易《へきえき》してたんです。

「さあ、今夜は白いご飯にたらこで口なおしを」と、カレーといっしょに生たらこを卓に並べ

ところが幾種類かのカレーを試食してげんなりしてしまい、あらためてご飯を食べなおす元気がなくなってしまいました。未練がましくたらこをほぐしてはカレーとまぜ合わせ、ふと一口食べてみたところ意外においしいのです。さっそくカレーソースを温め、その日は、たらこ入りカレーで口なおしをしました。

生たらこのねっとりした舌ざわりに、カレーソースのとろみが不思議に調和して、一度お試しになる価値は充分だと思います。

たらこは塩気があるのでカレーの塩味を薄めにするのがよいでしょう。また火が通るとパラパラになって舌ざわりが悪くなります。めんどうでも、テーブルの上で好みの量をまぜたほうがよいと思います。

それにしても、連日カレーを食べつづけて、そのうえで食べた生たらこカレーがなおかつおいしいとは――私はカレーに一種の麻薬的味わいがあると確信しました。

7 いざというときのクリームコーンカレー

あっという間にできあがるクリームコーンカレー

急な来客に、なにかもう一皿といったとき、たいへん便利。あっという間にできてしまうので、肉でもいためているあいだに食べてもらえます。

クリームコーンのスープに、カレーの香りが入っている感じですから、子ども向きにもよいでしょう。トマトサラダ、パンを添えてどうぞ。

材料（4人分）
クリームコーン……………400グラム　牛乳……………………1カップ半
玉ねぎ…………………………半個　他にバター、カレー粉、塩、こしょう

玉ねぎをみじん切りにして、しなっとなるまでいため、カレー粉小さじ一を加えて香りが立つまで手早くいためます。クリームコーンを入れ、牛乳でのばして火にかけ、スープよりちょっととろみがでるまで煮て、塩小さじ一、こしょう少々で調味し、おろしぎわにバター大さじ

ーを落としてできあがり。とろみが足りないようなら、同量のバターと小麦粉を指先で練って加えるとよいでしょう。

カレーのあとはコーヒーがよく合う

クリームコーンカレーでは、口のなかがひりひりするような辛さはありませんが、普通、カレーを食べたあとでは、口なおしになにか飲み物がほしい感じです。私は、カレーにはコーヒーがいちばん合うように思います。

コーヒーにはどろっとした濃いターキシュコーヒーから、コーヒーの稀釈《きしやく》液みたいなアメリカンコーヒーまであるのはご存じだと思います。

アメリカでは、ティー・タイムといわないでコーヒーブレークというくらい、アメリカ人はあの薄いコーヒーをよく飲みます。

エジプトで飲んだコーヒーはどろどろしたいわゆるターキシュコーヒーで、真鍮《しんちゆう》の長い柄のついた小型ミルク沸かしのような容器で一人前ずつ、といっても普通のコーヒーの三分の一ぐらいの量しかありません。

それを裾《すそ》まである天幕のような服を着て、ターバンを巻いたウェイターが大げさな手つきであまり清潔とはいえないコーヒーカップに注いでくれます。しかしこれが、カレーのあとによく合うのです。なにしろ雨の降るのが年に数回という、なにもかもカラカラの国だから、カレーと相性がよいのでしょう。

路上には自動車も走っていますが、ほとんどが水牛やロバに引かれた荷車で、あちこちにおみやげを落とした形跡が見えるんです。それがたちまちのうちに太陽の直射を受け、時おり吹き上がる砂漠特有の突風にもろもろの物体や砂塵《さじん》もろとも舞い上がるわけです。

家の者に外国では生水を飲まないように念を押されていたので、最初のうちは、びんのジュースでさえ恐る恐る口をつけていました。でも何度か砂塵をあびているうちに、ローマに在《あ》ればローマに従えの心境になり、少々の砂塵や蠅《はえ》の大群にも平気になってしまいました。ついには蠅取りリボンを持ってくるんだったなんて思いながら、コーヒーをおかわりするほどになりました。そのエジプションコーヒーは煎《い》りの強いコーヒー豆を粉末状にひき、コーヒー一に湯が二の割合でさっとひと沸かしし、すかさずカップに注がれます。

このコーヒーは粉が落ち着くまで待たないと飲めません。でも香りがいちだんと高いコーヒーを前にして、せっかちな私はついつい口をつけてしまいます。

周囲の人々を観察してみますと、おしゃべりをしたり水煙草《みずたばこ》を吸ったりしていて、コーヒーやお茶を前にしても悠然として、いっこうに手をつける様子がありません。コーヒーの飲みかた一つにもお国ぶりがあるのをおもしろく思いました。

おいしいカレーを作ったあとの夕食のひとときには、そのカレーに合ったコーヒーをブレンドして、家族の笑みをわがものにしていただきたいと思います。

8 いざというときのポテトカレー

ポテトとカレーは名コンビ

ちょっとおなかがすいたとき、かんたんにできるランチ風のカレーです。じゃがいもとカレーは最高の相性ですし、なべのなかでじゃがいもを乱暴につぶしかげんにすると、スターチ分がでて、おいものおいしさがいっそうでてきます。

じゃがいもは乱切りにしてゆで、ざるに上げます。ゆで汁はとっておきます。

玉ねぎは薄切り、にんにく、しょうがはみじん切りにしてバター大さじ三でいため、しなっとしたらカレー粉小さじ一～二を加えていためます。ここへじゃがいもをもどして手早くいため、塩、こしょうで調味して、生クリーム、牛乳、じゃがいものゆで汁でひたひたの感じにのばし、さーっとひと煮立ちさせたらバター大さじ一を落としてできあがり。

器にとり、パセリのみじん切りをふっていただきます。パン食によいでしょう。

じゃがいもは料理別に種類を選びます。水分の少ない茶色い皮のものはベークドポテト、マッシュドポテトや煮込みなどに。ピンク色のねっとりとしたものは煮くずれが少ないので、バター焼きやポテトアンナ（じゃがいもの重ね焼き）に適しています。

材料（4人分）

じゃがいも……………3個
玉ねぎ…………………1個
にんにく………………2片
しょうが………………少々
生クリーム……………半カップ
牛乳……………………1カップ
パセリ…………………少々
他にバター、カレー粉、塩、こしょう

最近日本には、粘りのある、この種のじゃがいもが少なくなったようで残念です。

あるとき、主人の友人が煮込みのなかにはいっている丸ごとのじゃがいもを見るなり、

「なつかしのアイダホー・ポテト！」

と叫びました。そして、いきなりフォークでつぶし、煮汁をかけ、皿の上でマッシュド・ポテトにして食べはじめたのです。

大の男が、皮をむき、なべにほうりこんだだけのじゃがいもに夢中になり、お肉の煮えぐあいなどには、いっさいおかまいなしで、ひたすら「グッド・オールド・アイダホー・ポテト」とかいいながら感激しているのです。

料理人の私としては、ほめられているのかどうか、なんとも面映《おもは》ゆい気持ちでしたが、アメリカ人は、いわゆるミート・アンド・ポテトのような素朴な料理が好きなのです。

アメリカ北西部のアイダホーはじゃがいもの産地として有名なところで、大ぶりの、それも一個二〇〇～三〇〇グラムもあるじゃがいもがとれます。

水分が少なくほっくりとしたアイダホー・ポテトはベーキングポテトに適しており、丸ごとオーブンで焼きあげ、表面に大きく十字に切れ目を入れ、腹をキュッと押し上げて粉がふいたところで、たっぷりのバターとソースで食べるのです。バターのかわりにサワークリームとあさつきのみじん切りをふったりもします。

ポテトはそれ自体、うまみのあるものです。が、それ以上に、いも類特有の吸収性のある身には、カレーとか煮込みがじつによくあうのです。

9 いざというときの豚ひき肉のドライカレー

肉だけのカレー

野菜は香味野菜として入っているだけで、あとはまったく肉だけのドライカレーです。インド人の家庭で食べましたが、さらさらのあんかけという感じで、ポロポロにいられた肉が口のなかで当たるのがとてもおいしいものです。

感覚的には、肉のほかになにか入れたくなりますが、別にサラダがあれば充分。インドでは好みでサラダやヨーグルトをドライカレーの上にかけたりして、たいへん自由に食べます。

ひき肉はあまり脂のないところを求めます。

材料（4人分）

豚ひき肉……………………400グラム
玉ねぎ………………………大1個
にんにく……………………3片
しょうが……………………少々
トマト………………………2個
オクラ………………………1パック
赤唐がらし…………………1本
ガラムマサラ、コリアンダー…各小さじ半分
ラード………………………大さじ3
他にカレー粉、塩、こしょう、ウスターソース、しょうゆ

まず、玉ねぎ、にんにく、しょうがをみじん切りにしてラードでしなっとなるまでいため、カレー粉、塩各小さじ二、こしょう少々、種をとり小口切りにした赤唐がらしを加えて一〜二分いためます。

さらにひき肉を加えて、肉の色が変わるまで焦げ目をつける気持ちで充分にいためます。ここに皮をむき、種をとってさいの目切りにした完熟トマトを加えてふたをし、一〇分ほど煮ま

す。ふたをとり、強火で五分ほど水分を蒸発させるようなつもりでがーっといため、できあがる寸前に薄切りにしたオクラ、ガラムマサラ、コリアンダー、カレー粉各小さじ二をまぜ入れてふたをし、火をとめます。

温かいご飯にかけ、ウスターソース、好みでしょうゆ少々を落としていただきます。肉とご飯だけでは少し重いようでしたら、前述のようにヨーグルトやサラダをかけるとよいでしょう。

娘アンヌの自慢料理

ところでひき肉を使ったおもしろい料理を一つご紹介します。私の二人の娘たちは、小さいときからパーティが好きで、よく友達を家に招きます。それも夕方、学校から帰ってきて、二人でなにかごそごそやってるなと思うと、「今夜はパーティにするの」といった、あわただしくも、気まぐれなパーティです。

小さいうちこそ私がなにかと作ったりしましたが、上が中学の二年生になったころにはママはオフリミット。で、できますものはアンヌの自慢料理、というより一張羅《いっちょうら》料理です。「ママは入って来ないで!」と締めだされますが、いつも同じですからすぐわかります。フリーザーから凍ったひき肉を持ちだして包丁で切る。恐ろしいような光景ですけど、子どもは頭が柔らかいんだなとしみじみ思います。

このひき肉を、バターとしょうゆと少量の砂糖といっしょにいって、これにいり卵を加え、ご飯にかけるというもの。ついでに冷蔵庫じゅうの生野菜を、鳥に食べさせるくらい細かく切ってボウルに盛り上げ、マヨネーズをかけ、これもいっしょにご飯にかけるという、どこへ行っても食べられない国籍不明の料理です。

アメリカ、カナダ、フランス、中国、日本のこれまた多彩な友人たちが思い思いの格好で食べているのを見るとふきだしたくなります。

この一見、めちゃくちゃで乱暴な料理が不思議においしいのです。その秘訣《ひけつ》は、なによりバターとしょうゆが合うからで、私はいつも「しょうゆは秀《すぐ》れたソースだな」とあらためて感心しつつ、このワイルド料理のお相伴《しょうばん》をしています。

10 いざというときのチキンカレー・オン・トースト

ナイフとフォークで食べるトースト

鶏料理の残りものを応用したカレーです。鶏のカレーというと、骨つきぶつ切りのイメージがありますが、ほぐすカレーにもそれなりのおいしさがあります。鶏肉にカレーソースをからめる感じにしてトーストにかけます。野菜は冷蔵庫をのぞいて、あり合わせのもので充分です。

鶏はほぐして適量のバターでいため、薄切りの玉ねぎ、せん切りのピーマン、セロリを加えてさっといためます。カレー粉小さじ半、小麦粉少々、塩小さじ一、こしょう少々を加えて手早くいため、牛乳を加えてのばします。よくまぜて味をととのえ、全体がとろりとしてきたらドライベルモットを入れ、おろしぎわにバター少々を落とします。厚めのトーストに、バターをたっぷり塗り、ソースをかけます。別に輪切りのじゃがいもをゆで、バターいためした、にんにくのみじん切りに加えていため、塩、こしょうで調味してつけ合わせとします。

ランチ風のこんなに簡単な一品ですが、ランチョンマットを敷いて、温めた皿にカレートーストを盛りつけ、ナイフ、フォークを添えていただきたいものです。

材料（4人分）

フライドチキン、ローストチキンなど適宜		ドライベルモット	大さじ1
玉ねぎ	半個	厚めのトースト	4枚
ピーマン	1個	じゃがいも	2個
セロリ	少々	にんにく	4片
牛乳	1カップ	他にバター、小麦粉、カレー粉、塩、こしょう	

ここでは、トーストにカレーソースとしましたが、バターライスでもよいでしょう。

皿の温かさが心を伝える

私の家では、テーブルセッティングは、まず必要な皿、器を温めることから始まります。温かい料理は温かく、冷たい料理はあくまでも冷たく食べるのがおいしいのは当然で、そのために必要な手間は省かないのが私の流儀です。流儀というと堅い言いかたですが、食べさせる者の愛情といえばよいでしょうか。

ですからわが家では、「さあ、食事よ」と私が号令をかけると、二人の娘たちが飛んできて、コーヒーカップなどはもちろん、スープ皿、ミート皿など必要なものはすべて湯につけて温めます。

これが習慣になっていますから、外で食事をするときも、ついつい皿に手がのびてしまい、「ここはおいしいのよ」と人に勧められて勇んで来た店の皿が、シンと冷たかったりすると、もうがっかりしてしまいます。

反対に、指に熱い皿が運ばれてくると、どんなにおいしい料理が来るかと、私の胸は高鳴ってくるのです。皿を温めても、いつまでも温かいわけではありませんが、作るひとの心意気がかならずそこにまで現れるように思います。

大阪の料理屋さんで名高い「吉兆」では、塗り物のお椀まで温めるそうで、普通なら五年から十年持つものが、たちまちだめになると聞きましたが、私はこういう話は涙がでるほどうれしく、感じいってしまいます。

お子さまを
やみつきにする
カレー風ピロシキ
→作り方 157ページ

充分なランチになる
カレー風
マカロニサラダ
→作り方 168ページ

インド風
スクランブルエッグ
→作り方 179ページ

鶏ときゅうりの
カレー風味
サンドイッチ
→作り方 176ページ

ひき肉おじやの
ロールキャベツ
→作り方 192ページ

カレー風味の
オイルサーディン
→作り方 200ページ

マッシュルームの
歯ざわりを楽しむ
フライドライスグラタン
→作り方 187ページ

ほうれん草と
豆腐のスパイス煮
→作り方 207ページ

野菜のパコラ
→作り方 212ページ

ホルト風
駅前カレー
→作り方 216ページ

3

家族の食欲をかきたてるカレー料理

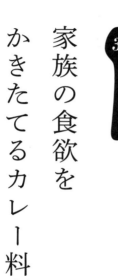

1 家族のためのカレー料理

体のコンディションによって、出来栄えは違ってくる

東京四谷に、懐石料理で知られる「丸梅《まるうめ》」があります（現在は残念ながら閉店）。ここは昔から、一日一客しかとらないという頑固な姿勢を守り続けているお店です。それだけに料理は、つねに最上の出来栄えで最初から最後までその運びはさながら茶の湯の作法のごとく、どこをとっても美しく、無駄がなく、料理人の心がすみずみにまで偲《しの》ばれます。

この店の先代の主人と対談した故・扇谷《おうぎや》正造《しょうぞう》さんが、「しんどいの一言に尽きる」となにかの本に書かれていたのを読んだことがあります。私は材料の一つ一つをとっくりと吟味し、たとえばさやえんどうの和え物をするのにも真ん中しか使わないといった徹底ぶりが好きで、そしてまた温かい料理はお椀まで温めるサービスがほかでは求めがたく、折りをみてはこの店に足を運びます。

しかし名にし負う一日一客。予約をとるのにひと月も待たされます。ですからいよいよ「明日は丸梅」となると、前の晩からよく眠って体調を整え、当日の昼は軽くいただいて出かけるという文字どおりの斎戒沐浴《さいかいもくよく》といったあんばいです。

ここまで切ない思いで臨んでも、かんじんのお料理がいま一つピンとこないことがたまにあります。

そういうとき私は、きょうの「丸梅」と私は、合わなかったと思うのです。つまり、その日にこちらが食べたいと思ったものと、向こうが作りたいものとが違ったことに原因があると考えることにしているのです。結局、食べる側の調子が悪ければ、山海の珍味も味気ないものになってしまうわけです。

それほどに体調というものは微妙で、ほんとうに健康なときは、食べるにせよ、作るにせよ充分満足のいくものです。わが家でもときどき、ひどく辛いものを作ってしまうことがあり、そんなとき娘たちは「ママ疲れているんじゃない?」などと思いやりを見せてくれます。

私はあきれるくらい胃腸が丈夫で、疲れるとかえってぎらぎらしたものが食べたくなるのですが、そんな日の料理は、百回も作っている簡単なものでも、いつも食べているような味がでないものです。

つまり体調がよくないときは、味がよくわからず、ついつい塩を入れすぎたり、煮すぎたりするわけで、体の欠陥がそのまま正直にでてしまうのです。「やっぱり疲れているのかしら。ごめんなさいね」と、私も素直に娘たちにあやまることにしています。

なぜ辛いものを食べるのでしょう

世界で辛い料理を愛好する国は多々ありますが、それがなぜなのかとなると、じつに矛盾が多く、不可思議な思いにとらわれます。

隣国の朝鮮料理が、赤唐がらしやにんにくをふんだんに使うことは、どなたもご存じだと思います。日本とは指呼《しこ》の距離にありながら、この食習慣の違いはどうでしょう。子どものころ、おそらくはしもやけ防止のためだったと思いますが、靴の爪先に唐がらしをくるんだ真綿を詰めたことを思いだします。朝鮮はやはり日本より寒い国だから唐がらしをふんだんに使うのではないでしょうか。

そうなると、朝鮮よりずっと温和なはずの中国四川《しせん》料理の、あの気の遠くなるような辛さが理解できません。なにしろ、できあがった料理の皿が、目のそばをかすめるだけで、もう涙滂《ぼう》沱《だ》のありさまなのです。それを平気で口にするのですからまさにおどろきです。

ヨーロッパへ飛びましょうか。ハンガリーは甘唐《パプリカ》がらし料理で知られますが、この国のスパイス屋に入ると、土間からなにからもう溢《あふ》れんばかりの唐がらしで、圧倒的な景観です。甘いのも辛いのもあり、店じゅう、ひじょうにいい匂いで満たされています。

ハンガリーの料理は、ちょうどインドのカレーのように、何にでも色をつけるパプリカを入れますから、赤いスープ、赤いシチュー、赤いサラダといったぐあいになります。すっぱみのきいたサワークリームをたっぷりとるところなども、ヨーグルトやチーズが欠かせないインドを彷彿《ほうふつ》させるのです。

ところで、ハンガリーは寒い国ですが、もっと極寒のソビエト（当時）では、あまり辛い料理は見かけません。胃からポカポカなどというのでは間に合わず、ウォッカをかっと血管に流し入れてしまうからでしょうか。

次は暑い国へ行きましょう。

私は子どものころ、メキシコのピクルスを食べて死ぬ思いをしたことがあります。この国のピクルスは、種つきの唐がらしを漬け物にして、それを食卓に山のようにだしてくるのです。レッドペッパーのなかでも、もっとも辛い種類から作るタバスコソースを、いちばん愛用する国でもあります。

さて、本場インドですが、この国のカレーは南部へ行けば行くほど辛くなってきます。ボンベイ北東のアジャンタなどでは、ピーススープでも何でも、それは大きな唐がらしが、姿のまま三本は入っています。日本人の感覚では、まず必殺といったところですが、原地の人は涼しい顔をして、カレーを口に運びます。もちろん子どももです。

南部のカレーは、ベジタリアンカレーが多いのも特徴です。つまり酷暑の地では、辛いカレーで発汗作用を促す必要があるのです。同時に、衰えやすい消化機能のために、胃に長時間とどまる肉類はとらないわけで、環境に適応するための合理的な生活様式でもあるのです。

しかし、同じ猛暑の国でも、エジプト人はまず辛いものは食べません。スパイスも使いません。市場へでかけて行っても、食べることを楽しむ雰囲気がまるで感じられないのはどういうことでしょう。新興国ならいざ知らず、文明発祥の地にしていかなることか、クレオパトラはなにを食して恋を語ったかと、あらぬことまで考えてしまいます。

暑いといえば、アメリカ・ダラスを忘れることができません。「ダラスの熱い日」は事件を呼びましたが、もう戸外へでるとくらくらっとくるくらいです。空気が乾燥しているからいいなどと多湿の日本ではいいますが、湿気がなく暑いのは、救いようがなく絶望的です。

ところがアメリカもまた、わずかにメキシコ料理の影響がある以外は、辛いものを食べません。私の主人は、豆腐や納豆にはたちまちにして慣れ、いまでは「きょうの豆腐はおいしい」などというくらい環境順応には抜群の能力を示す人ですが、カレーを食べられるようになるのには十年間が必要でした。

体の状態によってカレーで食欲を誘いだす

このように辛いものと国民性・地域性の因果関係は不思議の一語に尽き、私には立証が不可能でした。

ただ、確信していえるのは、カレーには季節感がないということだと思います。婦人雑誌などでは、例年七月号ごろになると、きまってカレー料理を特集するようですが、これらはある種の歳時記的なものと思われます。なぜなら、暑いときに食べておいしく、冬もまた可なりというのがカレーだからです。

また辛みは一つの刺激には違いありませんが、日本で普通食されている程度のカレーの辛みなら、世界の辛党国のそれに比べて赤ちゃんのようなものです。刺激が弱いといっても病気のときに好んで食べる必要もありませんが、カレーには、弛緩《しかん》した感覚を呼びさます効能があるのですから、体のコンディションがかんばしくないときは、快い刺激を与えて、食欲を誘いだすことを考えてください。この視点から、私なりの体の状態に合ったカレー風味の料理を作ってみました。

2 風邪《かぜ》気味の日に卵黄入りのにんにくカレースープ

カレー風味でにんにくの臭みがないスタミナスープ

ガーリックスープは、にんにくの臭みはまったくなく、むしろ、うまみだけを抽出した感じのスープです。私はこのスープを、スパニッシュレストランで知りましたが、こっくりとしたおいしさと芳香に、一瞬、「はて、これがにんにくかしら」と疑ってしまったほどです。

にんにくにカレー粉がきいていますから、寒い日など体がホコホコッと温まり、低血圧気味の私でも、すぐに血行がよくなった感じすらしてきます。肝臓にもよいようですが、私の友人の一人は、このスープでご主人の風邪を治したといいます。いわゆるウイルスががんばる感冒はともかく、疲れからくる風邪でしたら絶対の効力をお約束できそうです。

にんにくは粒に離して皮つきのまま、熱湯で一分ほどゆで、水にとって皮をむき、芯をとり除きます。

なべににんにく、種をとって小口切りにした赤唐がらし、塩小さじ二、カレー粉、こしょう各小さじ半分、カルダモン、月桂樹の葉、サラダ油大さじ三、水四～五カップを入れて弱火で約三〇分、ゆっくりと煮て味をととのえます。

材料（4人分）

にんにく……………2玉（1人4片ぐらい）
赤唐がらし……………半本
卵黄……………2個分
カルダモン……………少々
月桂樹の葉……………1枚
パセリ……………みじん切り大さじ1
他にサラダ油、カレー粉、塩、こしょう

別のなべに卵黄を溶きほぐし、サラダ油大さじ三～四を一滴ずつまぜ入れてマヨネーズ状にします。ここへ熱いにんにくスープを玉じゃくしですくって、少しずつまぜ入れるのですが、このとき黄身が煮えないように注意します。さらに底に残ったにんにく、赤唐がらしもこして加えます。

これを湯煎《ゆせん》して静かに温め、スープ皿に注いできざみパセリを散らします。薄切りのフランスパンにバターを塗り、にんにくの切り口をすり込んだクルトンを浮き実にするとよいでしょう。

3 ポテト入りカレー風味のにんにくスープ

さて、もう一つ、カレー風味をいかした、スタミナのつくにんにくスープをご紹介します。

皮ごとゆでてから皮と芯をとり除いたにんにくと、ディル、月桂樹の葉、塩小さじ二、カレー粉、こしょう各小さじ一、バター大さじ二、水四〜五カップをなべに入れ、弱火で三〇分ゆっくりと煮ます。

これを別なべにこし、そこへ一センチ角切りのじゃがいも、サフラン、分量外のバターを少し加え、ふたをして二〇分ほど、じゃがいもが柔らかくなるまで煮て味をととのえます。

スープ皿に注ぎ、パルメザンチーズをふり、フランスパンを添えて、さあできあがりです。にんにくの旨味、じゃがいものとろみ、チーズ独特の甘さが不思議にマッチして、ガーリックスープとは思えないソフトな味のスープです。

材料（4人分）

にんにく……………3玉（1人分4〜5片）	サフラン………………1つまみ
ディル………………小さじ1	バター…………………大さじ2
じゃがいも…………2個	パルメザンチーズ……適宜
月桂樹の葉…………1枚	他にカレー粉、塩、こしょう

にんにくは臭みをぬくならつぶし、辛みをだしたいときはみじん切り

元気のない家族に活力を与える代表選手は、なんといってもにんにくを使った料理です。そこで、にんにくについて、少しお話ししておきます。

にんにくはわが国でも古くから薬草として親しまれていたようです。『源氏物語』の帚木《ははきぎ》の巻に「極熱の草薬を服していとくさきによりなむ……此《こ》の香失せなん時に立ち寄り給へ」と、せっかく訪ねてきた男に女がことづてするところがありますが、おおかた、にんにくのことでありましょう。女心は昔も今も変わらぬもののようです。

薬草としての大蒜《にんにく》はともかく、日本くらい料理ににんにくを使わない国はないのではないでしょうか。にんにくは西洋料理の味の決め手である、となにかで読んだ記憶がありますが、欧米はもちろん、中国や東南アジア、共産圏の東欧でも台所にはかならずにんにくが保存されています。

私も子どものころは、にんにくはいやなものと思って育ちましたが、いつのころからか悪臭はおろか、火にかけたときなどおいしそうな食欲をそそる匂いと思うほどの耽溺《たんでき》ぶりです。

それにしても、食したあとの口臭は文字どおりの悪臭で、そのうえ食べたご当人にはちっともわからないという始末の悪さがあります。梅干しを食べるといいとか、牛乳を飲めとか、西洋ではパセリの一枝を食すとかまあいろいろにいいますが、ご当人にはききめのほどを確かめるすべもありません。

しかしそれでもなお、欧米にまでにんにくが愛用されるのは、にんにくが肉料理に相性がいいからです。魚にも用いられますが、にんにくは肉や魚の臭みを消すだけでなく、香りをつける役目もして、料理の味をいちだんとひき立てます。

たとえば歌手のシャリアピンが日本にもたらしたことで知られるシャリアピンステーキは、牛肉に野暮なくらいのおろし玉ねぎとにんにくをかけるステーキです。でももし、にんにくをとり去ってしまったらなんの特徴もないのではないかと思うほど、にんにくの役割は大きいのです。

私はにんにくをすりおろしたり、つぶしたり、きざんだりしてよく料理に使います。絞るときには、にんにく絞りのなかに皮状のものが残りますが、これもビネグレットソースに加えたりして全部使いきります。にんにくは本来、そんなにデリケートなものではないからです。

しかし香りづけ、臭みぬきならたたきつぶし、ピリッとした辛みをだしたいときにはみじん切りというように、使い分けも必要かと思います。

さて、にんにくの選び方ですが、一年じゅういつでもあるようでいて、旬《しゅん》は六月から七月。この時期に出まわるものが、いちばん瑞々《みずみず》しく香りも最高です。同じ大きさなら、ずしりと重いものを。妙に軽いのは、すでに芽がでかかって中身が空《から》になりかけているのです。また、玉の大小にかかわらず、分球の少ないものを選ぶことでしょう。さもないと、あとで薄皮をむく作業にうんざりすることになります。

いったん買ったら、あとは風通しのよいところで徹底的に乾燥させます。それから冷蔵庫へ。アメリカ人はよく冷凍庫でフリージングしますが、私の経験ではどうも出来、不出来があるようです。

4 スタミナをつける カレー風味レバーのオードブル

ピクルスと揚げパンとレバーの串刺しオードブル

これは結婚してすぐのころ、東南アジアに旅行したとき、バンコクのレストランででてきたオードブルです。レバーとピクルスと揚げパンを楊枝《ようじ》に刺し、いっぺんに口に放りこんで食べるのですが、すっぱいのと、カリッとしたのと、ぐじゃっとしたそれぞれ違う感触が口のなかでまざり合い、なんともいえないおいしさです。バンコク以来、わが家のオードブルメニューに定着している一品です。

材料は鶏レバー、食パン、牛乳、ピクルス、カレー粉、しょうが、塩、こしょう、バター、サラダ油ですが、オードブルですし、人によってレバーの好き嫌いがあると思いますので、特に材料表は作りませんでした。

まず鶏レバーは、流し水の下でていねいに水洗いして、血合い、脂、膜をとり去ります。水気をきれいに拭きとって、牛乳、カレー粉、おろししょうが、塩、こしょう少量ずつを合わせたなかに二〇分ほどつけ、臭みをとります。

食パンは一センチ厚さに切って耳をとり、レバーと大きさを合わせて切ります。なべにバターとサラダ油半々を熱したなかで、まずパンを揚げ、次にレバーを手早く揚げます。バターを加えるのはうまみをつけるためで、たっぷりの必要はなく、揚げ煮の感じになります。

レバーは揚げたてに軽く、塩、こしょう、そして、ここでもう一度カレー粉をふり、楊枝にレバー、揚げパン、ピクルスの順に刺し、熱々《あつあつ》のところをいただくのです。

私は正直にいって、レバーは好きになれません。根が食いしん坊ですから、中国料理のつばめの巣、はてはへびでもあまり抵抗なく食べるのに、レバーだけはどうしてもなじめないのです。

でもひと月に一回ぐらいはかならずレバーを食べるようにしています。それはカレー風味で、私のなじめないレバーも一変するからです。

だいぶまえのことになりますが、私の家のお手伝いさんが、手術を受けることになり、もともと貧血気味だったので、お医者さんもたいへん心配していたのですが、豚レバーを毎日食べた結果、ついに手術は輸血なしですんでしまいました。レバーは常食すれば確かな薬効があるように思います。

5 ヨーグルトとカレー風味のフライド・レバー

材料（4人分）

牛レバー……………………300グラム
玉ねぎ……………………1個
にんにく……………………3片
バター……………………大さじ4
牛乳……………………………………適宜
プレーンヨーグルト………………半カップ
他にウスターソース、トマトケチャップ、カレー粉、黒こしょう、しょうが、塩

ヨーグルトのすっぱみとカレー風味のマッチしたレバー

カレー風味と、ヨーグルトのすっぱみを生かした、食欲をそそるレバー料理をもう一つお話しします。

牛レバーの臭み抜きに牛乳を使い、それにヨーグルトの違ったフレーバーを加えてスパイスだくさんのおつまみにもなるレバー料理です。ヨーグルトは煮てもすっぱみが残り、特有のお

いしさがあるものです。

レバーは七～八ミリの厚さに切り、よく洗って適宜の牛乳のなかにしばらくつけこみます。水気を切り、なべに大さじ二のバターを熱したなかで焦げ目をつけるようにいため、とりだします。

玉ねぎを薄切りにしてバター大さじ二でいため、にんにくの薄切り、トマトケチャップ四分の一カップ、ウスターソース大さじ一、カレー粉、しょうが各小さじ一、黒こしょう、塩各小さじ半分を加えてよくまざったところにヨーグルトを入れます。レバーをもどし入れてひとまぜし、ふたをして一〇分ほど煮ます。さあこれでできあがりです。スタミナ源のレバーがひと味もふた味も違うことにおどろかされるはずです。

日本人の食事も、近ごろはずいぶん肉を食べることが多くなりましたが、欧米のそれと比べるとまだまだ草食といいたいほどに違います。第一に、圧倒的なボリュームの差。私は欧米の人たちが食事をしている姿を見ると、そのボリューム、健啖《けんたん》ぶりに、「はては血が違うか」などと思ってしまうのですが、そんなことを強く感じさせるものの一つに、ブロッド・ウィッシュがあります。

アメリカ・オハイオ州のシンシナティは、ドイツ系移民の多い所で、移民同士が租界を作っております。ブロッド・ウィッシュは、この町のマーケットで見つけたソーセージで、牛の血を固めたものです。黒い断面のなかに、脂がぽつぽつ入っている体《てい》のもので、これを一センチ厚さに切り、さっといためて主に朝食に食べるのです。「これが牛の血か」と思うと、あまりゾッとしませんが、レバーを食べるつもりで口にしてみたところ、脂が溶けて香ばしく、塩気がきいていて、なんともいえない味なのです。

その後、横浜元町の肉屋さんで売っているのを見かけましたが、「何でも食べてやろう」という方は、お試しください。

私は市場が大好きで、どこの国に行ってもまず市場に飛びこみます。市場では、観光ガイドには載っていない、その国の日常生活の側面を知ることができますが、台湾でもまた妙なものを発見しました。

小さな缶詰のふたに、洗ったもち米を敷き、これに鶏や豚の血をあけて売っているのです。露店ですから、血はたちまち固まってきますが、これをスープに入れて食べるそうで、妊婦や貧血症の人の造血剤というわけです。さすがの私も、試してみませんでしたが、このような血の料理は、食べ慣れない方でも、カレー風味をきかせれば、イメージとはたいへん違ったものになりますから、くたびれたご主人のスタミナ回復に作ってみてください。

6 食欲がないときのヨーグルト・スープ

さわやかなサラダ代わりのスープ

南米エクアドルの人から教わった冷たいスープです。赤道直下の国だからこんなスープが生まれたのでしょう。たいへんにさわやかで、にんにくとカレー粉がピリッとくる夏向きのスープです。作り方もきわめて簡単でその意味でも食欲がないときにぴったりでしょう。

材料（4人分）

プレーンヨーグルト	2カップ	カレー粉	小さじ1
きゅうり	2本	塩	小さじ半分
にんにく	1片	冷水	1/3カップ
オリーブ油	大さじ2	ミントの葉	少々
ディル	小さじ1と半分		

きゅうりは皮をむいて一センチ角切り、にんにくはつぶします。ミントの葉を除いた材料全

部を冷水とまぜ、さらに冷蔵庫で冷たく冷やします。スープ皿にとり、氷を浮かせ、ミントの葉をあしらって供します。一見ヨーグルトを水で薄めた感じですが、これが液体のサラダです。

暑い日など、肉をさっと焼いて、サラダ代わりにこんなスープはどうでしょう。ヨーグルトの飲み物プラススープという感じですから、スープの観念からははずれますが、スープがすべて塩辛くなくてはいけないということはありません。

ハンガリーやチェコでは、ベリーなどのくだものが入った甘いスープが、かならず食事の最初にでてきますし、台湾でもスープのなかにパイナップルが浮いているパイナップル・スープが家庭料理としてあります。

食欲のないときはミントを使う

ヨーグルト・スープのあしらいにしたミントの葉は、西洋薄荷《はっか》のことです。ペパーミント、スペアミントなどの名を聞かれたことも多いでしょう。乾燥したものは、スパイスとして市販されていますが、この多年草は雑草みたいなもので、手入れなしでもどんどん育ちます。そんなわけで、わが家の庭先にミントを植えてもう数年になりますが、この間、大勢の方におすそわけしました。

ミントの葉はとても愛らしく、くだもの、飲み物のお菓子のあしらいにとてもいいのです。

たとえば、アイスティーを丈の高いグラスいっぱいに満たして、ミントの葉をちょっとあしらうと、それだけで琥珀《こはく》色のアイスティーがいっそう美しくひき立ちます。パセリではこうはいきません。何でもグリーンであればいいというものではないのです。

また、フルーツサラダに添えると、薄荷特有のすーっとした清涼感がおいしく、ミントシャーベットもペパーミントのお酒だけではなにかしまらず、ミントの葉一枚をあしらいます。

私はこのほかにも、しそ、みょうが、さんしょう、パセリ、ディルなどを植えていますが、たいした手間もかけないのに、いつのまにかちょっとしたハーブガーデンになりました。

ホースラディッシュは、ローストビーフに欠かせない、一見ごぼう風の西洋わさびです、いつでしたか、使いかけのホースラディッシュをそのまま冷蔵庫に入れておきましたら、芽がでてきたので庭先に埋めたところ、青々とごぼうに似た葉がでてきました。それからは必要なときに抜いてはちょっとおろし、また土に埋めて、かれこれ二年近く使っています。

来客があるつど、「ミントをとって来て！　青しそと間違えずにね」と、娘たちをわが家のハーブガーデンに追いやるわけですが、ほんの少しのあしらいで、お料理はおいしくもなり、目を楽しませてもくれます。お庭に花を植えていらっしゃるのでしたら、片隅にハーブを仲間入りさせましょう。

7 カレー風味のヨーグルト・ドレッシングで食べる野菜サラダ

さわやかなヨーグルト・ドレッシング

インドでは、カレーとヨーグルトはきりはなせない関係です。カレーもヨーグルトも、食欲をかきたてる最高のフレーバーだからです。さて、体調のよくないときに、ぜひ試していただきたい、ヨーグルトを使ったドレッシングがあります。

材料（4人分）

トマト……………………2個
赤玉ねぎ……………小1個
しょうが………………1片
プレーンヨーグルト…………1と半カップ
他にカレー粉、塩、こしょう

乳酸菌が体によいことは知られていますが、日本ではまだまだ飲み物の域をでていません。これに対してインドでは、どこの家でもホームメードのヨーグルトを作り、飲み物ばかりでなく食品として盛んに利用します。カレー粉の入ったヨーグルト・ドレッシングもその一つで、肉料理など食べすぎて、ちょっと胃が重いといったときに、たいへんさわやかなドレッシングです。ぎとぎとした口のなかを洗い流すような感じがあります。

まず野菜の準備。トマトは皮をむき、種をとって一～二センチのくし形切り、赤玉ねぎは薄切りにします。水気をぬぐい、塩小さじ半分をふりかけておきます。

ボウルにしょうがをみじん切りにして入れ、カレー粉小さじ半分、塩小さじ一、こしょう少々をまぜ合わせ、ヨーグルトの上に浮いた水を捨てて加え、ドレッシングを作ります。水分をぬぐった野菜をさっと和え、サラダボウルに移して供します。

インド人の食べ方の習慣はわりあいにシンプルで、一皿に盛り合わせて食べることをよくします。たとえばドライカレーを食べて口のなかがバサバサしてくると、ヨーグルトサラダを皿のなかにまぜ入れて、カレーといっしょに食べたりするのです。

日本人は昔から、ご飯を食べて、おかずを食べてという食べ方ですから、一皿のなかでまぜ合わすようなことをあまりしません。

私なども子どものころ、ご飯茶碗のなかを汚さないように、白いご飯は白いまま食べることを、ずいぶん厳しくしつけられましたが、見た目はともかく口のなかでいろいろ味がまざり合うのは、なかなかおいしいものではないでしょうか。

わが家の朝食時に、ベーコンを焼き、卵料理を添え、トーストをだすと、主人はいつのまにかサンドイッチにしてしまいます。「またサンドイッチ！」と私はあきれてしまいますが、合わせて食べることのおいしさが別にあることを、認めないわけにはいきません。

4
ランチにピッタリ、カレー風味の料理

1 ランチタイムを楽しむために

昼食はすませるものではない

主人の友人に、「食事は日に三回のお祭り」と定義して、昼食がすぎると「もう二回すんじゃったから、あと一回だけしかない」と残念そうにいう人がいます。私も、朝食をとりながらすでに「お昼はなにを食べてやろうかな」と考えをめぐらす、いわば同好の士です。

それにしても、日本人の昼食は、なんて軽くそして短いことでしょう。ご主人は職場でめん類を、またたく間に流しこみ、奥さまはご家庭で、淡泊このうえもないお茶漬けをさらさらと召し上がるということは、よく考えてみると、かなり異常なことではないかと思うのです。

ヨーロッパ人のランチタイムはほぼ二時間、それも家に帰ってとり、ゆっくり昼寝をしてからご主人はまたご出勤という国が少なくありません。街々の商店も、午後のひとときはブラインドをおろして中休みということが多いようです。それはお国がらとはいえ、ランチタイムの大切さが確認されているからでしょう。

ヨーロッパに比べたら、アメリカ人はせっかちで、また勤勉でもあるのですが、それでも私の主人は、昼食にほぼ一時間はかけます。

以前、主人のオフィスが日本人の会社の下にあったときのことですが、十二時になると、上がランチボックスをとりに走る音で、いっときガタガタとにぎやかになり、ほんのひととき静かになります。五分もするとまたカタカタッとして、今度は音が消え去るというのです。「ベースボールにでていくための足音」と、主人はおかしそうにいうのでしたが、私は、「おべんとうも野球もけっこう、しかしなぜ、一杯のコーヒーを楽しむ心のゆとりがないのかしら」と同じ日本人の食事に対する考え方を残念に思ったものでした。

食事はすませるものではなく、楽しむものです。家庭の主婦なら、そこには作る楽しみ、食べる楽しみがあるのですから、私はいつも女に生まれてよかったと思いつつ、たった一人のランチでも大切に作ります。

一人でも、さびしくないランチのテーブル

私は駅からバスで三〇分という買い物にはたいへん不便な山の上に住んでいますので、朝食をとりながら昼食のことまで考えてしまいます。まず冷蔵庫をのぞき、フリーザーに入っているもので献立を作ります。もしなにもなければ、買い物に行くといったふうに、一日の食事のプランを立てることにしているのです。

世のなかには、ウイークリーメニューを作って、食生活を管理する立派な奥様もいらっしゃ

るようですが、私はそこまでの計画性は持ちあわせていません。できないということもありますが、むしろ、その日その日になにを食べたいかという気持ちを大事にしたいと思っているからです。

ですから、だれもいない日の昼食でもかならず温かいものを作ることにしています。もしご飯が残っていたら、たった一ぜんでも中華せいろに布巾を敷いて蒸します。

どんなときでも冷やご飯のお茶漬けをかきこんで、ただ空腹だけを満たすということはしません。私のお茶漬けは、どんな簡単なものでもなにかを食べたあとでで来るものなのです。

夏の家庭での昼食は、そうめんやざるそばといったことが多いようですが、どうもざるそばだけでは、おなかがカランカラン鳴るというか、レタスだけを食べているような感じがします。生まれつき、脂っこいものが好きなせいもありますが、なにはなくともせめて精進揚げを揚げて載せるとか、あるいは鶏肉があったら、さっと焼いてあしらったりします。

また、前の晩の残り物を食べてしまいたいときがあります。そういうとき、残り物とわかるままではだしません。

かならずひと工夫して別の一品料理にするのです。「ご飯よ」といってからでも作れるくらいの、あまり時間をかけないものですが、それでもテーブルに並んだとき、けっしてさみしくはない内容をと心がけています。

アメリカには、ブランチという言葉があります。ブレックファストとランチからの造語で、朝食兼昼食の食事をさすのですが、家庭の主婦同士、ちょっと手のかかったランチを作って、気楽なブランチの集まりをすることがよくあります。

この項でご紹介するカレーランチは、ブランチにでも通用すると思っていますが、けっして早くすませてしまうランチではありません。お子さまが学校が早くひけたらとんで帰るような魅力あるランチです。

2 お子さまをやみつきにする カレー風ピロシキ

ロシア料理にカレー風味を

ひき肉とキャベツの入ったカレー味のピロシキです。

カリフォルニアにいたころ、友人のロシア人から聞きましたが、本場のロシアではありとあらゆるフィリングがあるそうで、各家庭各様のピロシキをいろいろに工夫してスナックにするということです。私の家では寒い季節になると作りますが、冷蔵しておくと、翌日のランチにたいへん重宝します。

材料（4人分）

皮
ドライイースト……大さじ1と半分
砂糖……小さじ¼
ぬるま湯……半カップ
牛乳……1カップ
塩……小さじ1
バター……大さじ4
強力粉……3カップ

フィリング（詰め物）
バター……大さじ4
牛ひき肉……400グラム
玉ねぎ……みじん切り1個分
キャベツ……ゆでてせん切り5枚分
カレー粉、砂糖……各小さじ1
塩、こしょう……各少々
小麦粉……大さじ1
ゆで卵……みじん切り2個分
パセリ、ディル……みじん切り各¼カップ
にんにく……みじん切り2片分
他に揚げ油

それでは皮から説明しましょう。ドライイースト、砂糖小さじ四分の一、ぬるま湯を小さなボウルに合わせ、布巾をかけて、温度を下げないよう温かい所に置き、三倍にふくらむようにします。イーストが古いとふくらみませんから、湯のなかにちょっと落としてふくらむかどうかテストしてみるとよいでしょう。

大きなボウルに分量の牛乳を人肌に温めて入れ、塩、砂糖小さじ一、バターを加えてまぜ、さらに強力粉の三分の一量を入れて、へらでまぜ合わせます。残りの強力粉を加えてまぜ、ふくらんだイーストを注いで、へらにつかなくなるまでまぜます。これを台にとり、充分練ってまとめ、三重のビニール袋に入れ、口をきちっとして、冷蔵庫でひと晩ねかせます。

フィリングはバター大さじ二で玉ねぎをいため、ゆでたキャベツのせん切りを充分にしぼって加え、カレー粉、砂糖、塩、こしょうで調味しボウルにあけます。残りのバター大さじ二でひき肉を色が変わるまでいため、さらに塩、こしょう、小麦粉をふり入れていため合わせ、ボウルにあけます。みじん切りのゆで卵、パセリ、ディル、にんにくを加えてまぜ合わせます。

次はまとめ方です。ひと晩ねかせた皮を、厚さ五～六ミリにのばし、直径一〇センチの円形に切ります。これが約八個分です。円の周囲を薄く手でのばし、フィリングを包みこみ、合わせ目を指でよく押さえつけます。打ち粉をした焼き皿に合わせ目を下にして並べ、霧をふき、温かい所に三〇分置いて発酵させます。

揚げ油をなべに熱し、中火の弱で、きつね色になるまで何度か返しながらゆっくり揚げます。全部揚がり終わるまで、オーブンで温めておくとよいでしょう。これで完成です。少し手間がかかりますが、この香ばしいおいしさは、お子さんでなくても忘れられなくなることうけあいです。ぜひ試してください。

揚げ油は三回まで使い分ける

ピロシキにかぎらず揚げ物で気を使うのが油です。私は揚げ物は少しも苦にしませんが、わが家の台所に使い残りの油があると、とても気になってしまいます。

実は三日前に精進揚げをしたのですが、このときの油が四カップほど残り、どうしても使いきりたくてうずうずしていました。そんなとき魚屋がこのあたりでジンタと呼んでいるあじの子どもを持って来ました。早速、から揚げにして酢じょうゆに漬け、南蛮漬けとしましたが、これで油がかなりよごれてしまったので、心おきなく捨てることができました。

では、新しい油、使った油をどう使い分けるかですが、まず天ぷらだけは絶対に新しい油にかぎります。天ぷら屋さんはいつもきれいな油を使っています。プロでもそのくらいなのですから素人が古い油で上手に揚げられるわけがありません。

ドーナツも同様です。使った油で揚げてはソフトな香りが飛んでしまいます。また天ぷらを揚げた油は、二度三度と使えますが、ドーナツを揚げたものは、なにか甘い感じがするようで、捨てることにしています。魚を揚げたときも同様です。

さて、二回目、三回目に油を使うときは、私は決定的に油がだめになるものを揚げます。たとえば下味をつけた鶏を揚げるとか、魚を揚げてソースでからめるといったときです。

これで安心して油を捨てることができますし、この次には新しい油を使って料理できると落ち着いた気分になるわけです。

3 ナッツ入りのフライドライス

ナッツのぱりっとした舌ざわり

卵とカシューナッツが入るカレー味のいためご飯です。ナッツのパリッという舌ざわりが特色。べたべたしないいためご飯を作るには、中華なべか北京なべを用意して始めましょう。

まずベーコンを五ミリ幅に切ってカリカリにいため、油をきってとりだします。次に、ラード少々を煙がでるほどに熱し、ざっと溶いた卵に塩小さじ一を加え流し入れます。そして一息入れ、はしを大きくのの字を書くように動かしてふわふわのいり卵を作り、とりだします。

玉ねぎ、にんにく、しょうがはみじん切り、赤唐がらしは種をとって小口切りにし、ラード大さじ二で、強火で手早くいためます。ここへ小口切りの青唐がらし、またはしし唐と、細くななめに切ったいんげんを加え、さらに五分ほどいためます。カレー粉、塩、こしょうをまぜ入れ、ラードを足し、卵、ご飯を加えて、水分をとばすようになべをふりふり六〜七分よくいためます。

焦げるのは油が足りないか、まぜ方が足りないかです。また野菜をいためるときは、強火でなべを中身を返す気持ちで上下にふりふりすると水気が飛びます。料理は案外、力のいるもので、はねるからと、なべから離れたりしてはおいしくできません。

カレー色がまんべんなくついたら、味をととのえ、おろしぎわに粗《あら》みじんにしたカシューナッツをまぜ入れます。

材料（4人分）

冷やご飯	4～5カップ	赤唐がらし	1本
ベーコン	3～4枚	青唐がらし	2本、またはしし唐　5～6本
卵	3個	いんげん	10本
ラード	大さじ3～4	カレー粉	小さじ3
玉ねぎ	半個	塩	小さじ1と半分
にんにく	1片	こしょう	少々
しょうが	少々	カシューナッツ	¼カップ

つけ合わせはヨーグルトまたは胃が重い日のサラダのところで紹介したヨーグルト・ドレッシングで和えた野菜サラダ。これらをまぜて食べると味のハーモニーがひろがり、それはおいしいものです。

フライドライスにはラードがよい

フライドライスを作るときは油が味の決め手になりますが、油にはラードがいちばん適当と私は思います。ぬめっとした何とも形容しがたいこくがあり、動物性油脂のうまみがご飯に入るからです。

バターは香りがよいので、バタードライスにはおいしいものですが、いためご飯のときには、ラードより水気が多く、どうも仕上がりがパリッといきません。

植物性油では、サラダ油が無難ですが、ちょっとさっぱりしすぎますし、ごま油ではくせが強すぎます。その点、オリーブ油は香りがさわやかで、また違った味わいを楽しめます。

さてなべのことですが、いためご飯ではなべをふりふり扱うので、片手で操作できる程度の大きさの、中華なべか北京なべが適していると思います。といいますのは、フライパンでは一人分ならともかく、なべにご飯や具があふれんばかりになり、火まわりにむらができたり、ぐちゃっとした仕上がりになってしまうからです。

鉄なべは洗剤で洗ってはいけないなどというようですが、私はつねに洗剤でていねいに洗うことにしています。要は水分を充分に拭きとって棚にしまえばよいのです。

新しいうちには、なべの周囲にコールタールのようなものがついています。これは布巾に塩をつけて、火にかけながら磨き、水洗いしてまた火にかけます。さらに油大さじ三〜四をなじませて、煙がでてきたら水をじゅっとかける——これをくりかえすうちにとれていきます。もちろん、天ぷらを一、二回揚げるだけでもいいのですが、やはり、こういうものは気持ちの問題ですので、さっぱりとしたなべで料理したほうが料理も楽しくなると思います。

4 いためないホルト風カレーピラフ

母が作ってくれたカレーピラフ

私の母はとてもまめな人で、掃除はもちろん小さな台所仕事でさえ、いいかげんにする人ではありませんでした。料理についても、手間暇をいとわず、早くなくともきちんとすることを心がけていたようです。

その母が戦時中疎開先でカレーピラフらしきものを作ってくれたことがあります。なぜカレー味になったかといえば、カレー粉の残りがあったことと、近所の農家から鶏を分けてもらったという単純な理由からであったと思います。当時としては大奮発のご馳走でした。七輪にかけた真っ黒なお釜で米をいためながら、横からのぞきこむ私に「透き通るまでいためるのよ」と教えてくれた母の顔が懐かしく思いだされます。

ところで私のピラフ、炊き込みご飯は、お米をいためません。母の時代と異なり、近ごろのお米は電気で乾燥させるせいか、いためているあいだにくずれるように思うのです。

材料（4人分）

米……………………………2カップ
鶏ぶつ切り肉………200〜300グラム
玉ねぎ………………………小1個
にんにく……………………1片
しょうが……………………少々
バター………………………大さじ3
アーモンド…………………半カップ
レーズン……………………⅓カップ
粒こしょう…………………10粒
カルダモン、クローブ……各5〜6粒
カレー粉……………………小さじ2
塩……………………小さじ1と半分

まずお米はよく研《と》ぎ、ざるに上げて三〇〜六〇分おいておきます。

バターを熱したなべで、みじん切りにした玉ねぎ、にんにく、しょうがをしんなりするまでいため、鶏肉、粒こしょう、カルダモン、クローブ、カレー粉、塩を加えてさらに四〜五分いためます。お米をあけ、アーモンドの薄切り、レーズンを加え、水二と四分の一カップを入れて静かにまぜ、強火で炊きます。

吹き上がったら一度上下にまぜ、ふたをとって中火で三〜四分炊きます。これをあらかじめ弱火に熱した天火になべごと二〇分入れます。

スパイスがそのまま入っているので、日本人の感覚からいうと、みそ汁に煮干しが入っているように感じられるかもしれません。気になるようでしたら、おひつに移すときにでもとり去ってください。また、炊き込みご飯は薄味に炊くことが秘訣ですが、あまりに薄すぎたときもまた、おひつに移すさいか、食卓で塩味をプラスします。

このピラフは、スープやサラダを添えてランチとしてもよいのですが、野菜だけのベジタブルカレーやあっさりしたカレーのときなど白いご飯の代わりにすると、もの足りなさを充分に補ってくれます。そういうときなら、玉ねぎをバターでいため、ドライベルモットと塩、こしょうだけで炊き上げる玉ねぎピラフもお勧めできます。

お米は野菜の一種

日本人はカレーを「カレーライス」と呼びますが、こんな呼び方をするのは日本だけです。いかに日本人がお米ときってもきれない関係にあるかがわかります。

お米がアジア諸国でもっとも多く食されるのはご存じのとおりですが、なかでも日本はその最たる国ではないかと思います。中国は地域によっても異なりますが、日本のようには食べません。食事のいちばん最後にちょっと顔をだす程度で、ちょうどフルコースの西洋料理に添えられるパンのような扱いです。

インドでは、お米は南部でとれ、白いご飯も食べますが、ほとんどはピラフなどにするようです。

それでもアジアではまだまだお米は主食として位置づけられていますが、これがアメリカ、ヨーロッパともなると、完全に野菜の一種ということになります。

さしずめ、じゃがいも代わりの澱粉質の添え物といったところです。お米の性質も、日本のものとはだいぶ異なり、炊いても粘り気がでてきません。よく私たちが外米といっている種類です。

その炊き方となるとさらに異なり、炊くというよりゆでる感じです。四人分で一カップほどをざっと洗い、湯のなかに放り込んで、柔らかくなったらゆでこぼし、あとはバターと塩、こしょうをまぜるだけのもの。お米は洗うのでなく研ぐものと教わり、火加減についてもそのむずかしさをいやというほど味わった私などには、胸がつぶれるような光景ですが、米料理への求め方が違うのですから、それも当然でしょう。

しかし、これがひとたびメキシコに入ると、スペイン料理の影響が強く、あさり貝や肉、トマトをオリーブ油でいためて炊き上げるスパニッシュライスが、立派な一品料理としてあるのは、うれしいかぎりです。

私たちの主食であるお米も、外国では食べ方ひとつとっても千差万別です。それぞれのお国がらをお米ひとつからもうかがうことができるというものです。

5 充分なランチになるカレー風マカロニサラダ

サラダだって立派なランチ

結婚したてのころ、外国人と食事をするとパンをほとんど食べないことに、たいへんおどろいたものでした。クラッカー一枚にバターをつけて食べる程度なのです。これは私が、食事を主食と副食という観念でとらえていたためなのですが、外国には主食・副食という言葉はありません。私たちが、外国人の主食と考えるパンは、外国人にとってはおいしさは別として、スターチくらいのものなのです。

アメリカ人のランチというと、ハンバーガー、ホットドッグ、サンドイッチを思い浮かべますが、じゃがいもやマカロニを使った実だくさんのサラダも、ランチの一つです。

ここでご紹介するカレーマヨネーズはサンドイッチにつけても、たいへんおいしいものです。

まずマカロニはかためにゆで、ざるにとって水気をきっておきます。ボウルに分量のカレーマヨネーズソースを合わせます。ここへ、薄切りにして水にさらした玉ねぎ、粗みじんのゆで卵と青唐がらし、みじん切りのピクルスを入れてまぜ合わせ、マカロニ、油をきりほぐしたツナを加えてよく和えます。

材料（4人分）

マカロニ……1カップ
ツナ……1缶
玉ねぎ……小1個
かたゆで卵……2個
青唐がらし……1本
ピクルス……¼カップ
パセリ、パプリカ、クミンシード……各少々

カレーマヨネーズソース
マヨネーズ……1カップ
ピメントまたはピクルス……みじん切り大さじ1
カレー粉、レモン汁……各小さじ1
赤唐がらし……みじん切り半本
塩……小さじ1

これを器に盛り、パセリのみじん切り、パプリカ、クミンシードをふりかけます。皿にレタスをあしらい、盛るとよいでしょう。

お皿のなかの美学

このサラダは、緑のパセリと赤いパプリカがふりかけられ、見た目にもおいしそうに見えます。おいしさを視覚に訴えることは料理のなかでも重要ですが、花飾りやなにやら、料理を

美々しく飾りつけることは好きではありません。しかしきたないことは、たいへんに嫌いです。

たとえば私の台所での料理教室で、いちごと生クリームを使ったケーキを作ったとしましょう。これをテーブルで生徒さんが切り分けるのですが、私はいつも「きれいに切れる人が少ないな」と思います。いちごに生クリームがつくのはきたないものですから、最初にどけてから切ればいいのです。あるいは、もしついてしまったら、下に入れてかくすとか、ともかくきれいにいただくことも大切ですが、それ以前に美しく切ることが大事です。

それでも、切ったケーキが皿の上で倒れてしまうことがあります。こんなときは下手に動かしたりせず、小さなサーバーを添えればよいのです。肉にかけたソースが、左右にかたよってしまったときも同じにします。

料理の盛りつけは、花を活けるときのように、どこにサーバーを添えれば美しいかを考える、そこまでいかないと本物でないでしょう。

当然のことながら、器と盛るもののつり合い、色のバランスは年じゅう私の頭にあります。ですから、外で食事をして、最後の漬け物が妙な器に入ってくると、それまでのおいしい料理の評価すら変わってしまいます。

前出の日本料理屋、「丸梅」では、お料理のあとのご飯のとき、香の物用に備前《びぜん》焼きの小皿と、一回り小さい白い磁器の小皿が重なってでてきました。この二枚がお盆にのって部屋のすみに置かれたとき、それだけでみごとに美しい世界を作りだします。

ちょっとした気の配りが、お料理自体の評価に影響するならば、おいしそうに見せるのが料理する人の心がけだと思います。

6 ポテトダンプリング

カレー風味のソースで食べるポテトすいとん

ダンプリングとは落とすという意味でしょうか。ドイツ人やアメリカ人がよく作りますが、日本風にいえば、すいとんのことです。ファンシーな料理ではありませんから、じゃがいも大に四～五センチにごっつく丸めたほうが感じがでるように思います。

じゃがいもは皮をむいて乱切りにし、塩少々を加えた水で柔らかくゆでます。ざるに上げて水気をきり、ボウルにあけて大まかにつぶします。

そこへ卵を割り入れ、バター大さじ一でいためた玉ねぎ、パセリ、塩、こしょう、強力粉を加えてまぜ合わせます。それを手に粉をつけて八つのボールに丸めます。これがダンプリングです。

次になべにクローブ、月桂樹の葉を落としてたっぷりの湯を沸かし、ダンプリングを静かに落とし入れて、中火で浮き上がるまで四〜五分ゆでます。

さらに水気をきり、バター大さじ一をまぶしてソースができるまで温めておきます。このときのゆで汁はとっておきます。

ソースはまずなべにバターを溶かして小麦粉を焦がさないように二〜三分いため、カレー粉、熱いゆで汁二カップをまぜ入れて、弱火で一〇〜一五分煮ます。ここにレモン汁、ケーパーを加え、卵黄とサワークリームをまぜ合わせたものを、少しずつまぜ入れます。そして煮立てないように注意しながら温めます。

材料（4人分）

じゃがいも……………………中3個
卵………………………………1個
バター…………………………大さじ2
玉ねぎ…………………………みじん切り半個
パセリ…………………………みじん切り少々
強力粉…………………………⅔カップ
クローブ………………………1〜2個
月桂樹の葉……………………1枚
他に塩、こしょう

レモンクリームソース
バター、小麦粉…………………各大さじ4
カレー粉…………………………小さじ1
レモン汁…………………………大さじ4
ケーパー…………………………大さじ1
卵黄………………………………2個分
サワークリーム…………………¼カップ
ナツメグ　少々

ダンプリングを皿にとり、熱いソースをかけ、ナツメグをふって供します。ゆでたソーセージなどといっしょにいただきます。

リッチな気分にしてくれるサワークリーム

このポテトダンプリングでは熱いレモンクリームソースをかけるのがミソなのですが、このソースのおいしさは、なんといってもサワークリームにあります。生クリームのねっとりした舌ざわりに、マイルドな酸味の加わったサワークリームは、一度使うと二度三度と使ってみたくなる、独特なおいしさのクリームです。生クリームに乳酸菌を添加し発酵させたものですが、生クリームよりずっと保存がきき、それだけ料理への応用範囲も広いものです。

サワークリームが欠かせないといったら、ロシアのスープ、ボルシチになるでしょうか。もっとも手近にいろいろと使うことができます。私は、いちごには生クリームよりも、ちょっとかきまぜて柔らかくしたサワークリームと砂糖をかけて食べるのが好きですし、ホットケーキやワッフルをサワークリームで溶いたりもします。

カレーやシチューに加えたり、サラダのドレッシングにまぜると、ひと味ちがった料理になり、いつも食卓にリッチな気分をもたらしてくれるのがサワークリームです。

7 カレー風味のバジリコ風スパゲティ

なにごともタイミング

パセリの香りがぷんぷんするバジリコ風のスパゲティです。料理法は簡単ですが、スパゲティがゆで上がったとき、カレーバターソースが焦げずに温まっている、このタイミングが味の決め手です。

材料（4人分）

スパゲティ……………………300グラム
にんにく…………………………2片
しょうが…………………………1片
パセリ…………みじん切り¼カップ
赤唐がらし……………………………1本
バター……………………………大さじ4
カレー粉…………………………小さじ2
他に塩、こしょう、サラダ油

スパゲティはたっぷりの湯にパラパラとほぐし入れ、もう少しかなというころ合いを見てざるに上げます。ゆで加減を知るにはつまんで食べてみるのがいいでしょう。ゆでるとき、塩一つまみを入れることが多いようですが、アメリカのスパゲティのパッケージには、かならずサラダ油を入れるようにと記されています。私もサラダ油を大さじ一入れることにしていますが、こうすると水きれがよいようです。

ソースの作り方はにんにく、しょうがと、種をとった赤唐がらしをみじん切りします。なべにバターを熱して、にんにく、しょうが、パセリ、赤唐がらしをしなっといため、カレー粉、塩小さじ二、こしょう少々で調味します。ここに、熱々のスパゲティを入れ、手早くぱっといためてできあがりです。

きたなさ、おいしさ、ともに筆頭格のジャージャーメン

スパゲティは、日本人にいちばん親しまれている西洋のめん類だと思いますが、このイタリア料理の代名詞ともいわれるスパゲティも、カレー風味とパセリの香りで、ひと味ちがった料理となります。

それにしても、日本人はめん類が好きな人種だと思います。例にもれず、私もめん類が大好きなのですが、いまでも忘れられないのは、かつて台北にいたころ毎日のように食べたジャージャーメンです。

きたないことを気にしたらとても食べられない屋台でしたが、めん棒も包丁も使わず目の前でおそばができあがっていくのは、さながら手品を見ているようでした。そこでだされるにんにくは、土がついたままのもので、それをむいて爪で割り、どんぶりに落としてざーっとまぜながら食べるのです。きたなさでも、おいしさでも筆頭格の思い出です。

8 鶏ときゅうりのカレー風味サンドイッチ

サンドイッチは、とかく簡単なものとみなされがちですが、これも日本人の昼食はすばやくすませる認識からくるものでしょうか。ここでは比較的かんたんにできて、しかもカレー風味がきいてゴージャスな雰囲気を持ったサンドイッチを紹介します。

まず鶏もも肉は、ひたひたの水に月桂樹の葉、セロリの葉、ドライベルモット、塩少々をなべに入れて火にかけ、一五〜二〇分煮て、そのままさまします。ゼラチン質がついて固まったら、皮つきのまま薄く切ります。

きゅうりは薄切りにして塩少々をふり、水気をとり、カレーマヨネーズソースで和えます。

パンに柔らかく練ったバターをたっぷりと塗り、鶏ときゅうりをはさんで、好みの形に切り分けます。

手軽な料理にこそ、ちょっとした風味を加える。そんな気持ちは、食べる人にすぐ伝わるものです。

材料（4人分）

食パン……………………うす切り8枚	きゅうり……………………1本
鶏もも肉…………………2本	カレーマヨネーズソース（マカロニサラダの
月桂樹の葉………………1枚	材料表一六九ページ参照）
セロリの葉………………少々	他に塩、バター
ドライベルモット………小さじ¼	

さて、サンドイッチの簡単なものをもう一つつけ加えておきます。いろいろに使えるサンドイッチスプレッドです。

材料は四人分で食パン薄切り八枚、クリームチーズ二〇〇グラム、バター大さじ四、カレー粉小さじ二、クレソン一束、ハム薄切りです。

バターにカレー粉を加えてよく練りまぜ、クリームチーズを加えてさらにまぜます。食パンにたっぷりと塗り、クレソン、ハムをはさんで仕上げます。そのほか、トマト、玉ねぎ、レタス、きゅうり、ソーセージなどをはさんでもおいしくいただけます。

ワインは正統調味料

ところで鶏ときゅうりのサンドイッチの材料にドライベルモットという耳慣れない言葉があ

ります。これは私がぜひみなさんにお勧めしたい調味料なのです。

フランス料理は水を使わないといわれます。それは、水分が必要なところではスープストックかワインを使うからで、料理に応じてシェリー酒、ベルモット、コニャックなどの酒がそれは見事に使われています。

ところで私は、料理には主にドライベルモットを使っております。ベルモットは白ワインに薬草や香料を加えたものだそうですが、熱を加えるとうまみと香りがプラスされ、私の料理に欠かせません。使い始めて一〇年になるでしょうか。

まずソース類を作るときの例をあげてみましょう。簡単なものでは、ローストビーフやハンバーガーを焼いたあと、焼き皿の油をとり除き、バターを焦がしてドライベルモットをじゃーっと入れ、塩、こしょうして洗うようにしながらとろりとしたソースを作ります。

鶏肉や魚をゆでるときには、水のなかに入れて臭み抜きと香りづけをします。

またスープ、シチュー類ではドライベルモットを入れて煮込んだり、おろしぎわにコニャック大さじ二ほどをまぜ入れて香りをつけてから器に注いだりします。ピラフを炊くときにも、ドライベルモットを加えると、ご飯に香りが移ってたいへんおいしく仕上がります。

ちょうど、まぜご飯やすしめしに、少量の日本酒を加えて炊くのと同じことです。

料理に果たす酒の役割はすでにご存じなのですから、西洋料理にはぜひ白ワインをご用意ください。ごく少量を加えるだけで、西洋料理の本格度がいちだんとアップします。私はいわゆる化学調味料が必要な料理は邪道と思っていますが、ワイン類こそ必要かつ正統な調味料ではないかと思うのです。

9 インド風スクランブルエッグ

卵と唐がらしのパーシースタイル

インドではペルシャから来た種族をパーシー族といい、その料理をパーシースタイルといっています。卵と唐がらしという、珍しい取り合わせが特徴で、これがインド料理かと思うほど洋風の色彩が濃いものです。

作り方ですが、玉ねぎはみじん切り、青唐がらしは種をとって小口切りにします。なべにバター大さじ三を溶かして玉ねぎをしなっとするまでいため、青唐がらし、カレー粉、クミンシード、塩各小さじ半分、こしょう少々を加えてちょっといためます。

ここに、卵を溶いて流し入れ、強火でざっと大きくまぜて、柔らかめのスクランブルエッグとします。

次に食パンをトーストして、バターをたっぷり塗り、スクランブルエッグを載せて四つに切ります。それを皿にナプキンを敷いて盛り合わせるのですが、ついでに温かいミルクティーを添えてスナック風にしてはいかがでしょう。

材料（4人分）

食パン……4枚
卵……4個
玉ねぎ……半個
青唐がらし……2本
バター……大さじ5
カレー粉、クミンシード……各小さじ半分
他に塩、こしょう

インド人はやはり英国の影響を強く受けて紅茶をよく飲みますが、私たち日本人がお茶の入れ方に神経質なように、それは大切に紅茶を入れます。テーブルに運ばれてくるのは、熱いお湯に、温めたポット、そして温めたミルクです。熱いものはどこまでも熱くというわけで、けっして日本のように冷たいミルクがでることはありません。ポットにはまた、デコラティブな保温カバーがかならずかけてあります。

青唐がらしの佃煮《つくだに》

さて、インドのパーティスタイルに欠かせない青唐がらしは、赤くなる前の唐がらしで、七月の末から八月ごろにかけて、葉つきのまま八百屋の店先に並びます。この葉を煮たのが、お茶漬けやおむすびにいい葉唐がらし。わが家ではこの季節になると青唐がらしと牛肉の佃煮を作ります。赤くなってしまっては、皮がかたくていけません。

青唐がらしの葉をとり去り、牛ロース肉の薄切りとともに、しょうゆ、酒、水、ほんの少々の砂糖で三〇～四〇分ほど煮込みます。上品に煮ておいしいものではないので、唐がらしが黒くなるまで、じっくり弱火で煮上げます。

できあがった唐がらしは、ピリッと辛いのでかじると大変と思いながらも手をだし、そのつど「しかしおいしい」と感心したりするのです。

ピーマンも同様に佃煮にするとけっこうなものになります。葉も実もいっしょに辛みに唐辛子を加え、時間をかけて煮るのですが、ピーマンはくたっとしてもまったく形くずれしない不思議な野菜です。いざ煮るとなると、山ほど煮て、あっちこっちにおすそ分けしたくなり、押し売りをしに回ります。

10　ふーふー吹きながら食べる野菜パイ

気楽なお客にピロシキやサモサ

インドならどこにでもあるサモサを、私風に作ってみたものです。スパイスいっぱいのポテトサラダを、三角の皮で包んだ揚げ物といえばよいでしょうか。暑い国の料理は、熱いうちに食べることへの配慮は少ないのですが、サモサだけは揚げたての熱いのを手にとって、ふーふー吹きながら食べます。

まず皮、薄力粉と塩をふるいにかけ、パイ皮を作る要領でバターを指先でまぜ込みます。水大さじ四〜五を加えて、耳たぶの柔らかさになるまで充分に練り、丸めてビニール袋に入れ、口をきちっとして、冷蔵庫で一時間ねかせます。

打ち粉をした台にだしてちょっと練り、全体を四等分してボール状に丸め、一五×一〇センチの楕円形《だえんけい》にのばします。これを横半分に切って一枚を手に持ち、二辺の縁に水をつけて合わせ、三角形のカップを作ります。カップのなかにたっぷりのフィリングを詰め、入口も合わせて、合わせ目をフォークでしっかり押さえて形づけます。

材料（4人分）

皮

薄力粉……………………2カップ

塩………………………小さじ半分

バター……………………大さじ3

フィリング（詰め物）

じゃがいも………………中2個

にんじん……………………2本

グリーンピース……………⅓カップ

バター……………………大さじ4

玉ねぎ………………………1個

にんにく……………………2片

青唐がらし…………………2本

かたゆで卵…………………1個

カレー粉、塩…………各小さじ1

他にこしょう、揚げ油

フィリングのじゃがいも、にんじんは一センチ角切りにし、グリーンピースとともに柔らかく塩ゆでしてざるに上げておきます。玉ねぎ、にんにくはみじん切りにしてバターでしなっといためめ、種をとり小口切りにした青唐がらしを加え、ここへカレー粉をふり入れて手早くいためます。

ゆでたじゃがいも、にんじん、グリーンピースを加えてさっといため、塩、こしょうで調味して、みじん切りのゆで卵をまぜ合わせます。

このフィリングを前記の要領で皮に詰め、たっぷりの揚げ油で、きつね色になるまで四～五分揚げます。このとき油はぐらぐら煮立たせないのがコツです。

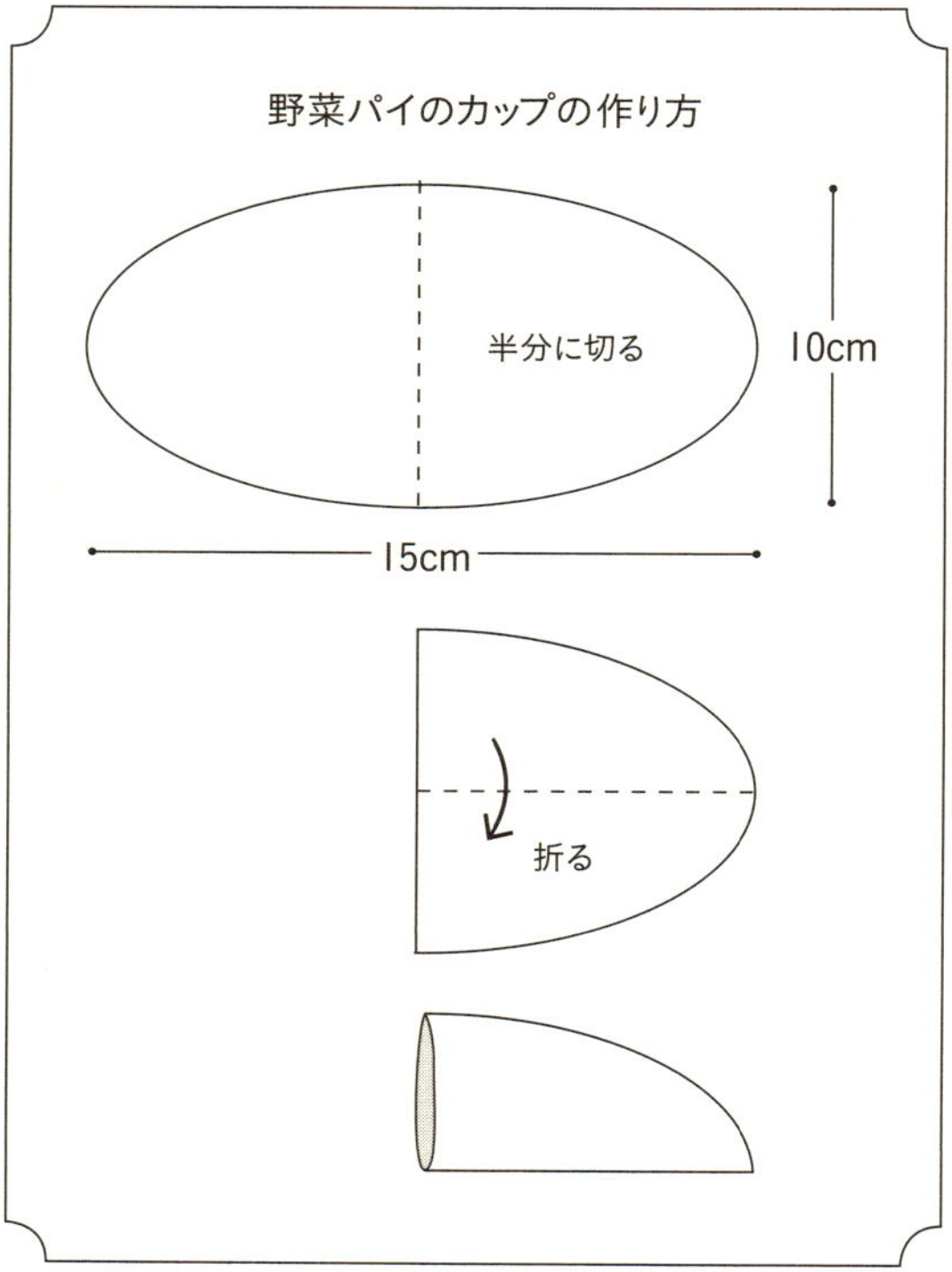

サモサやピロシキは、「ちょっと寄るわ」という気楽なお客によいものです。上手に揚がったら、牛、豚肉、ひき肉などでも試してみましょう。

ホルト風台所学入門

気楽に寄ってくれた客に、ぎょうぎょうしくない、気のきいた料理をだすことが主婦の腕の見せどころです。と同時に、食後のかたづけのためせっかくの楽しいおしゃべりに、主婦が参加できないのも残念です。そこで、私の台所整理学をここでお話ししておきます。

〃主婦の嫌いな家事〃の上位に、つねに食事の後かたづけとアイロンかけがランクされているのは、どういうわけでしょう。私はこの二つとも、特に好きではありませんが、別に嫌いだと思ったことはなく、苦にせずやっていますのでどうにも腑におちません。森鷗外《もりおうがい》の夫人が、「白粉《おしろい》をべたべたぬる人は台所が汚ない」といわれたそうです。私の母は洗濯物が干してあるのを見ると、その家の主婦の性格がわかると、よくいっておりました。いずれにしても、台所は主婦の職場なのですから、プロとしていつもきれいな台所を保つのは当然ではないでしょうか。

私の家では、食後はテーブルをかたづけてからお茶が始まります。食べるまえにはあんなにおいしそうだった匂いも、食後には妙な匂いになりますので、手際よく後かたづけをいたします。

さて台所ですが、使った食器類、なべはいったん熱い湯できれいに洗います。それから洗剤の入ったおけに入れて洗い、なべ類はクレンザーをつけて磨き洗いします。ですからいつもきれいな白い泡が立ち、とても気持ちがいいのです。仕事をきれいにすることが、家事を楽しくする第一の秘訣ではないでしょうか。

私の生徒さんにかたづけをまかせると、カレーのあとなどでは黄色い泡が立ったり、たわしに飯粒がついたまま終わったりすることがありますが、あれは見ていて気持ちのいいものではありません。

きれいになった食器は、純白の布巾でキュッキュッと拭きます。この感じがまた私は大好きです。布巾は一度使ったら洗剤で洗い、かならずアイロンをかけます。布巾にアイロンをかけるというと、ずいぶん念の入ったことと思われるかもしれませんが、ピーンとした布巾はひじょうに贅沢な気分で、かけただけのお返しは来るものです。先日も生徒さんから、「料理はいっこうに上達しないけど、台所がきれいになりました。布巾のアイロンかけも習慣になりました」という、うれしいお手紙をいただきました。

ついでにいえば、天ぷらガードやガスバーナーにかぶせる銀紙などはどうも貧しく、私はきらいです。汚れたら拭けばいいのではないでしょうか。私も魚を焼くときは銀紙をバーナーに使いますが、敷きっぱなしにはしません。何だかビニールを貼った家具に座っているような感じがするのです。

私のこうした台所仕事に対する姿勢は、いつの間にか、二人の娘たちにも影響しているようです。

彼女たちは後かたづけをのがれようと、食後いつの間にかすーっと音もさせずに消えていったりしますが、させれば見よう見真似でたいへんきれいな仕事をします。後かたづけにかぎらず、子どものしつけは、ただ命令するだけでなく、親のほうからそれとなく手本を示すことが必要です。

しつけは後ろ姿でするというのは本当だなと思います。

11 マッシュルームの歯ざわりを楽しむフライドライスグラタン

えびの入ったカレー味のフライドライスをグラタンにしたものです。ソースはベシャメルソースにおろしチーズと卵黄を加えたモルネーソースです。

グラタンはソースをたっぷりにするとおいしいものです。ソースが少ないとオーブンに入れているうちになくなってしまい、マカロニやライスだけが残ったりします。中身は少なめ少なめにしてソースはたっぷりにしましょう。

えびは殻をむいて、背わたをとり塩水で洗って水気をぬぐっておきます。マッシュルームはスライス。玉ねぎ、にんにく、しょうがはみじん切りにします。

なべにバター大さじ二を熱して玉ねぎ、にんにく、しょうがをいため、えびを加えてさっといためます。ここに、マッシュルーム、グリーンピース、カレー粉、クミンシードを加え、塩、こしょうで調味してバター大さじ一を足し、ご飯を入れてよくいためます。

モルネーソースは、同量のバターと小麦粉を色づかないようにごく弱火で四~五分いためます。そこへ温めた牛乳の大さじ三をのぞいた分を泡立て器でまぜ入れてのばし、まぜながら五分ほど煮ます。ベシャメルソースを作るときには、牛乳を温めるとだまになりませんし、泡立て器を使うときれいにまざっていきます。

材料（4人分）

えび……200グラム
マッシュルーム缶詰……各⅓カップ
玉ねぎ……小1個
にんにく……1片
しょうが……少々
バター……大さじ3
カレー粉……小さじ2
クミンシード……小さじ半分
ご飯……3カップ
塩……小さじ1と半分
他にこしょう

モルネーソース
バター、小麦粉……各大さじ4
牛乳……2と半カップ
スイスチーズ（エメンタール）……⅔カップ
ドライベルモット……¼カップ
塩……小さじ1と半分
こしょう……少々
卵黄……2個分
他にパン粉、パルメザンチーズ、バター各少々

ベシャメルソースにスイスチーズをおろして加え、溶けたところへベルモットをまぜ入れ、塩、こしょうで調味します。おろしぎわに卵黄と大さじ三の牛乳を合わせたものをまぜ入れてモルネーソースのできあがり。

一人用のグラタン皿にバターを敷き、まずソースを一人分半カップほど流し入れ、フライドライス一カップ弱をあけ、ソース三分の二カップを流します。上にパン粉、パルメザンチーズ、バター少々を置き、中火の強に熱したオーブンに入れて、表面にうっすらと焦げ目がつくまで一五〜二〇分ほど焼きます。

愛らしきマッシュルーム

さて中身は少なめにといってはみたものの、いざ食べるとなると、やはり自分の好きなものは少しでも多く入れたいものです。このグラタンで私のお気に入りはマッシュルームです。数ある西洋野菜のなかでも、ころんとした愛らしい形のマッシュルームはたいへんにユニーク。近ごろでは季節になるとたいていの八百屋さんに見られ、フレッシュマッシュルームだけが持つ香りと味が楽しめるのはうれしいことです。

ごく新鮮なものが手に入ったら、薄切りにしてレタスのサラダにまぜ入れ、ビネグレットソースで和えると、さくっとした歯ざわりとかすかな香りが楽しめます。またグリーンピースとはとても相性がよいので、バターいためしてドライベルモットをふり入れると、しこっとしたのと、ころっとしたのが優しいおいしさを作ります。

生《なま》のマッシュルームからは、おいしいだし汁がでます。グレビーやブラウンソースに少量入れたり、野菜の簡単なスープに加えてもよいものです。しかし水気がでやすいので、手早くすることがコツです。

缶詰のマッシュルームは、だし汁もでず、香りもありません。ただ、特有の歯ざわりだけのものですが、しかたのないことでしょう。缶からだしたら、一度湯通しをし、水気をかたく絞って使います。

フレッシュマッシュルームをときには思いきって買い、玉ねぎのみじん切り、つぶしたにんにくとともにわーっといためて、おろしぎわにレモン汁を搾り入れて食べるのは、まるでステーキでも食べたような充足感があるものです。

5

カレー風味のさわやかおかず

1 ひき肉おじやのロールキャベツ

材料（4人分）

キャベツの葉	10枚	クローブ、クミンシード	各小さじ半分
合いびき肉	400グラム	カレー粉	小さじ1
ラード	大さじ3	他に塩、こしょう	
玉ねぎ	1個	スープ	
ご飯	1カップ	スープストック	2〜3カップ
にんにく	2片	カレー粉	小さじ1
卵	1個	他に塩、こしょう	

ひき肉と玉ねぎをスパイスだくさんにいためて、つなぎのご飯といっしょにキャベツで包んだものです。ひき肉のおじやのロールキャベツといえばよいでしょうか。家庭のロールキャベツはきゅっとしまって、かための抵抗がありますが、スープをたっぷり含むように柔らかめに包むほうが、おいしいものです。

まずキャベツをしなっとゆで、きれいなところ八枚を残して、二枚をせん切りにし、水気を絞ります。

なべにラード大さじ一を熱して、肉の色が変わるまでいため、ボウルにあけます。なべにラード大さじ二を足して玉ねぎのみじん切りをいため、クローブ、クミンシード、カレー粉をまぜ入れて、肉のボウルにあけます。このなかに、ご飯、つぶしたにんにく、卵、塩小さじ一と半分、こしょう少々、せん切りのキャベツを加えてよくまぜ合わせ、全体を八等分してキャベツの葉でくるりと包み、楊枝でとめます。

スープは、なべにスープストック、カレー粉と塩各小さじ一、こしょう少々を入れて味をみ、ロールキャベツを並べて、きっちりふたをして、キャベツがとろとろになるまで弱火で約一時間煮ます。ロールキャベツを皿に盛り、残ったスープはひと煮立ちさせ、味をととのえてキャベツにかけます。

2 ロールドビーフ

材料（4人分）

牛ロース肉……………薄切り300グラム
長ねぎ……………………4〜5本
レモン……………………少々
つけ汁
　玉ねぎ…………………半個
　ピーマン………………1個
　しょうが、にんにく…………各1片
　赤唐がらし……………………1本
　カレー粉、クミンシード………各小さじ1
　塩…………………………小さじ2
　こしょう……………………少々
　サラダ油……………………1カップ

生で食べてもいいような上等の牛肉に、下味をつけ、長ねぎをころころっと巻いて焼いたもの。カレー味の焼き鳥風といったところですが、手早くさっと焼いて、熱々にレモンを搾りかけていただきます。

つけ汁の玉ねぎ、ピーマンは薄切り、しょうが、にんにくはみじん切り、赤唐がらしは小口切りにします。カレー粉、クミンシード、塩、こしょうとともにボウルに入れ、まぜ合わせます。

牛肉は長いまま一枚ずつバットに並べ、上からつけ汁をかけて三〇分ほど漬けておきます。長ねぎは青い部分を切り取り、白い部分を一本のまま、つけておいた肉でくるくると巻いていき、巻きおさめを楊枝でとめます。

このまま手早く網焼きし、五センチほどの長さに切って、レモンを搾りかけていただきます。

3 豚ときゅうりのいため煮

日本ではきゅうりを煮るということはあまりしません。わずかにあんかけに入れたり、あなごの吸い物に浮かせる程度ですが、きゅうりは煮ると意外にだしがでるものです。

欧米のきゅうりは、日本のものより大きく水っぽいのですが、これをバターでいためてスープに入れたり、二つ割りして種をとり、水気を絞ってバターでいため、さらにオーブンで蒸し煮するなどします。このように欧米ではサラダばかりでないきゅうりの使い方が目立ちます。水分をとって煮ても、軽い歯ごたえが残り、おいしいものです。

豚肉は厚さ一センチ、幅三〜四センチに切り、塩、こしょう各少々、カレー粉小さじ一、ウスターソース小さじ半分をまぶしておきます。きゅうりは縦半分に切り、これを四〜五センチ長さに切って塩少々をふり、少しおいて水気を絞ります。トマトは皮をむき、種をとって絞り、乱切りに、玉ねぎは薄切りにします。

材料（4人分）

豚ロース肉の脂の少ないところ……400グラム
きゅうり……3本
トマトの熟していないもの……大2個
玉ねぎ……小1個
にんにく……薄切り2片
しょうが……せん切り小さじ半分
クミンシード……小さじ半分
カレー粉……小さじ1
クローブ……小さじ半分
サラダ油……大さじ3〜4
他にウスターソース、砂糖、塩、こしょう

フライパンにサラダ油大さじ三を熱して、まず豚肉を焦げ目がつくまでよくいためてとりだし、きゅうりもいためてとりだします。このなべで、玉ねぎ、にんにく、しょうが、クミンシードをいため、トマトを加えてさらにいため、砂糖小さじ二、塩小さじ半分で調味します。とりだしておいた豚肉、きゅうりをさっと和え、おろしぎわにクローブを加えてできあがりです。

4 豚ロースとキャベツの煮込み

材料（4人分）

豚リブロース……………1枚150グラムのものを4枚
キャベツ……………半個
玉ねぎ……………1個
にんにく……………2片
しょうが……………1片
ラード……………1/3カップ
カレー粉……………小さじ2
クローブ……………小さじ半分
ドライベルモット……………1/4カップ
他に塩、こしょう

豚のブロックとキャベツを、オーブンでコトコトと蒸し焼きにする、フランスの家庭料理の応用です。キャベツ特有の甘い香りに、カレーの香りがプラスされてたいへん食欲をそそります。

普通キャベツをいためるというと、いきなりごわごわしたのをいためるようですが、さっとゆでてからいためるほうが、はるかにおいしいものです。キャベツがしなっとなるのは、いためるときに油を吸うせいでしょう。

豚肉は、カレー粉小さじ一、塩、こしょうをまぶしておきます。キャベツはせん切りにしてさっとゆで、水気をきります。玉ねぎは薄切り、にんにくはつぶし、しょうがはおろしておきます。

なべにラードを熱して、豚肉の両面に焦げ目をつけ、とりだします。このなべに玉ねぎ、にんにく、しょうがを入れて一〇分ほどいため、キャベツを加えて五分いためます。

塩小さじ二、こしょう少々、カレー粉小さじ一、クローブとドライベルモット、豚肉を加えてきっちりふたをし、焦がさないよう中火の弱で、二〇分煮ます。つけ合わせにマッシュポテトを添えるのがよいでしょう。

5 チキンヌードルスープ

チーズトーストやサンドイッチに組み合わせて、ランチにしたいスープです。そのためには、具を少なめにしてスープのなかで泳いでいる感じに作りましょう。

スパゲティは半分に折り、たっぷりの湯に塩少々を落としたなかでゆで、ざるに上げて水気をきっておきます。鶏もも肉は、ひたひたの湯にドライベルモット少々を入れたなかでゆで、細かくほぐします。

材料（4人分）

スパゲティ……………………100グラム
鶏もも肉………………………1本
長ねぎ……………白い部分1本
セロリ…………………………1本
さやいんげん…………………少々
バター……………………大さじ4
カレー粉……………………小さじ1
スープストック………………4カップ
パセリ……………みじん切り少々
他にドライベルモット、塩、こしょう

長ねぎ、セロリ、さやいんげんはせん切りにし、ほぐした鶏肉とともに。バターでさっといためます。ここにカレー粉小さじ一、塩、こしょう少々、スープストックを加えて調味し、ゆでたスパゲティを入れて少し煮ます。スパゲティが柔らかめになったら、器にとり、パセリのみじん切りを散らしていただきます。

6　カレー風味のオイルサーディン

材料（4人分）

いわし……………………8〜10尾
オリーブ油………………2〜3カップ
カレー粉……………………大さじ2
にんにく…皮をむき丸ごと一塊（4〜5片）
粒黒こしょう………………7〜8粒
月桂樹の葉…………………10枚ほど
他に塩、こしょう

カレー風味のオイルサーディンといったところでしょうか。急場の酒の客などに便利。小さいいわしなら、カリカリに焼いたパンにのせてカナッペとしてもよいでしょう。私の主人は、いわしがとても好きで、オリーブ油で焼いて、水溶きのからしソースをからめたりします。

いわしは頭と腹《わた》をとりのぞき、水洗いして水気を充分にぬぐい、塩小さじ二、こしょう少々、カレー粉大さじ二をふりかけます。

厚手のなべ一面に月桂樹の葉を敷き詰め、にんにくと粒黒こしょうを入れいわしを重ならぬようきっちり二列に並べます。オリーブ油をかぶるほどに注ぎ、ふたをして中火弱で一時間三〇～四〇分煮て、そのまま一晩さまします。

冷えるとオリーブ油は固まります。静かにとりだし、大きければ半分に切り、無塩のバターをぬったトーストとピクルスと供します。

7 シーフード・フリッター

ビールで溶いてちょっと発酵させた衣で揚げるフリッター。日本の天ぷらと違って衣がぼてぼてしますが、ふあっと軽く、ビールの苦みが少し残って、衣だけ食べてもおいしいものです。ドイツの料理にカーボネイティドビーフがあります。これは牛肉をいためて、スープのようにビールを入れ、コトコト煮込んだもので、ホップ独特の匂いがつく煮込み料理です。料理にビールを入れるというと少しおどろきますが、日本でも酒まんじゅうなどは、かすかな酒の香りがおいしさの秘訣になっています。もちろんフリッターと酒まんじゅうではまったく違いますが、かすかな香りを楽しむという点で、どこか共通したものがあると思います。

まず魚の下ごしらえ。生ざけは五～六センチ長さに切り、えびは殻をむいて背わたをとります。いかは丸いまま皮をむき、一・五センチ幅に輪切りにします。いずれも水気を充分にぬぐい、塩小さじ半分、こしょう少々をふっておきます。

材料（4人分）

生ざけ……………………200グラム
えび………………………300グラム
いか……………………………１ぱい
レモン………………くし形切り少々
他に塩、こしょう、揚げ油
衣
卵………………………………2個
塩………………………………小さじ１
こしょう……………………小さじ¼
カレー粉……………………小さじ１
バター………………溶かして大さじ１
ビール………………………¾〜１カップ
小麦粉………………………１と⅓カップ

衣の卵は、卵黄と卵白に分けておきます。まず、ボウルに卵黄、塩、こしょう、カレー粉、溶いたバター、ビールを入れてまぜ合わせ、小麦粉をふるいにかけて加えます。さっとまぜてボウルにおおいをし、室温で三時間ねかせます。

卵白を泡立ててねかせた衣にまぜ入れ、天ぷらの要領で魚に衣をつけ、高温の油で揚げます。揚げたフリッターは熱いうちにレモンを搾りかけていただきます。

8 とび魚のスープ

普通、たらなどの白身魚でする料理ですが、春にたまたまとび魚がたくさん手に入り、作ってみたところ、思いがけずあっさりとおいしいスープができました。

材料（4人分）

とび魚……………3本
玉ねぎ…………1個と半個
赤唐がらし………1本
月桂樹の葉………1枚
きゅうり…………1本
バター…………大さじ3
トマト……………2個
カレー粉……………小さじ1
コリアンダー………小さじ半分
ケーパー……………大さじ2
レモン………………薄切り10枚
パセリ……………みじん切り大さじ1
チリペッパー………………少々
他に塩、こしょう

魚を水から煮たスープをこし、こしたところへトマトなどを入れてカレー味で調味したもので、肉料理やピロシキなどに合います。

とび魚は六～七センチ長さのぶつ切り、玉ねぎ半個は薄切り、赤唐がらしは半分に切り、月桂樹の葉とともになべに入れ、塩、こしょうして水四～五カップを注ぎ、中火の弱で二〇分ほどゆっくりと煮ます。魚をとりだして皮と骨、血合いを除いて身をとりおき、スープはこします。

別に玉ねぎ一個と、きゅうりを薄切りにして、なべにバターを熱し、しなっとなるまでいためます。ここへ皮をむき種をとって一センチ角に切ったトマト、塩小さじ一、こしょう少々、カレー粉、コリアンダーを加えてさっとまぜ、ふたをして弱火で一五分ほど煮ます。

そこへスープをもどし入れて調味し、魚、ケーパーを加えて火を通し、器に注ぎます。レモンをあしらい、パセリとチリペッパーをふり入れていただきます。

9 フライドシュリンプ

地中海に面したエジプトの町、アレキサンドリアで食べたえび料理です。蠅が飛びかうギリシャ人経営の小さなレストランでしたが、つけ汁が洗面器に入っており、日本の保健所が見たら、たちまち営業停止になるような店でした。でも味がとてもよかったのでご紹介することにします。

材料（4人分）
大正えび、揚げ油
つけ汁
クミンシード……………小さじ半分
カレー粉………………小さじ1
赤唐がらし………………みじん切り1本
にんにく………………つぶして2片
酢……………………半カップ
塩……………………小さじ2

日本ではえびを食べるといっても、せいぜい二〜三本です。この店では、いけすのえびをキロ単位で買わされるのです。それでも同行三人で、またたくまもなく食べた経験から、ここではえびの分量を明記しないことにしました。リッチな気分でふんだんにお試しください。

えびは背わたをとり、頭と尾を残して胴の殻をむきます。さっと洗って水気を拭き、つけ汁に返しながら一〇分漬けます。

揚げ油を中火に熱し、えびを入れてカリカリに揚げます。

10 シュリンプカレーボール

水分の多いむきえびを、すりつぶして団子にしてからソテーするもので、そのままでご飯のおかずにしたり、あるいは残ったカレーにからめたりしてもいいと思います。

材料（4人分）

むきえび	冷凍のもの2袋
玉ねぎ	1個
にんにく	2片
しょうが	おろして大さじ1と半分
パン粉	大さじ2
カレー粉、黒こしょう、塩	各小さじ半分
卵	1個
パン粉（衣用）	少々
バター	半カップ
パセリ	少々

ベースはインド料理ですが、どこか中華風の感じがあり、フランス料理に似たところもあります。フランスではクネルといいますが、つぶしたむきえびに卵やシュークリームのベースを加えて団子にし、ゆでて、そのあとホワイトソースでグラタン風に煮込むのです。

まず、むきえびは解凍してすりつぶします。ここにみじん切りの玉ねぎ、おろしたにんにくとしょうが、パン粉、カレー粉、黒こしょう、塩、卵を加えてよく練りまぜます。

およそ六センチぐらいの楕円形に丸め、パン粉少々をまぶしつけて、フライパンにバターを熱したなかに入れ、ころがしながらソテーします。皿にとり、パセリを添えてできあがりです。

11 ほうれん草と豆腐のスパイス煮

東京在住のインド人の家庭でこの料理を食べたときは、そのとり合わせにおどろきました。インドのチーズ、パニールを豆腐で代用したものです。パニールはクリームチーズに似たチーズ。くたくたのほうれん草と豆腐という異色の組み合わせ、そしてつぶすとカレーの匂いがするクミンシード。しかし口にしてみると見事な調和があり、インドらしいスパイス煮でした。カレーや肉料理に添える野菜おかずによいと思います。

ほうれん草のくたくたというと、日本ではあまりなじみがありませんが、外国では缶詰にもなっているくらいよく見られ、それなりにおいしいものです。

たとえばフランスでは、柔らかくゆでてみじん切りにし、バターでいため煮したり、これに卵を落としてココットにしたりします。イギリスでも酢をかけてサラダにしますが、ゆでるところを見ると、なべに湯をわかしてほうれん草をぎゅうぎゅう詰め、フォークでぐるぐるかきまわしながらぐじゅぐじゅにしていきます。ちょっと仰天する感じですが、サラダにするのですから、こんなやり方になるのでしょう。

材料（4人分）

ほうれん草……………………1わ
玉ねぎ…………………………半個
にんにく………………………1片
しょうが………………………少々
クミンシード…………………小さじ1
カレー粉………………………小さじ半分
もめん豆腐……………………1丁
スープストック………………1カップ
サラダ油………………………大さじ4
他に塩、砂糖、こしょう

さて本題のスパイス煮ですが、ほうれん草はゆでて水にさらし、絞ってみじん切りにします。玉ねぎ、にんにく、しょうがもみじん切り、豆腐は水を切り、大さじ二のサラダ油で両面を焼いておきます。

なべに大さじ二のサラダ油を熱して、玉ねぎ、にんにく、しょうが、クミンシード、カレー粉をいため、しなっとなったらほうれん草を加えてちょっといためます。スープストックまたは水を加え、塩小さじ一、砂糖小さじ半分、こしょう少々で調味し、まぜながら五〜六分煮ます。

最後に、豆腐を二センチ角に切って加え、さっと温める程度に火を通します。

12 なすのミートソース

材料（4人分）

なす……6個
玉ねぎ……大1個
豚ひき肉……400グラム
グリーンピース……¾カップ
にんじん……みじん切り¼カップ
トマト……2個
しょうが……みじん切り小さじ1
カレー粉……小さじ1
パプリカ……小さじ半分
サラダ油……半カップ
他に塩、こしょう

なすは油ととても相性がよく、油でよく煮込んだり、揚げたりするとまるで肉を食べている感じがするくらい、動物性の風味があります。

その例を一つ紹介しましょう。フランス料理のアペタイザー（前菜）にプアメンズキャビアというのがあります。貧乏人のキャビアというわけですが、これはゆでてみじん切りにしたなすとピーマン、トマトをオリーブ油で和えて塩、こしょうを加えたものです。カリカリに焼いたトーストに載せると、その名とは違って、とてもリッチなおつまみになります。目をつぶって食べるとぬるぬるしていて、本当にキャビアの感じがするから不思議です。ただし香りはないのですが……。

なすは世界中どこの国にもある野菜で、その種類も豊富です。アメリカにも大きないわゆる米なすがありますが、日本のなすに比べて柔らかいようです。煮たり焼いたりにはとてもよいのですが、私がぬか漬けに入れてみたところ、溶けてしまったのにはおどろきました。日本のなすを洋風に煮込むときは、三つ四つに切って塩をし、少しおいてから余分な水分をきゅっと絞って調理するとぐあいがいいようです。

さて本題です。なすはへたをとって縦半分に切り、塩少々をふって水気を絞りだしてからフライパンにサラダ油大さじ三を熱したなかで、切り口を焼き、皿にとりだします。

残りのサラダ油を加えて、みじん切りにした玉ねぎをいため、肉を加えて色が変わるまでいためます。ここへグリーンピース、にんじん、皮をむきみじん切りにしたトマトを加えてさらにいため、塩小さじ一と半分、こしょう小さじ半分で調味して、カレー粉、パプリカ、しょうがを加えてさらに二分間いためます。

焼いておいたなすの上にかけて熱いところをいただきます。

13 ガーリックポテトサラダ

きわめて簡単で、小学生にでもできる料理。それでいて「じゃがいも、にんにく、バターはこんなにもおいしいトリオだったのか」と思い知らされる料理です。粉《こ》ふきいもならぬにんにくまぶしいもですから、匂いの後遺症には思いやられますが、ついつい手がのびること請け合いです。

材料（4人分）
じゃがいも……………………5〜6個　カレー粉、クミンシード……各小さじ半分
にんにく……じゃがいも1個に対し3片ずつ　他に塩、こしょう
バター……………………大さじ5

じゃがいもは皮をむいて乱切りにし、ゆでておきます。にんにくはみじん切り。
厚手のなべにバターを溶かしてにんにくをいため、このなかにカレー粉、クミンシード、

塩、こしょうを加えてさっと火を通すと同時に、ゆで上げたじゃがいもを加え、粉ふきいもの要領でじゃがいもの表面ににんにくをまぶしつけます。

14 野菜のパコラ

材料（4人分）

じゃがいも（皮の柔らかいもの）……1個
さつまいも（皮の柔らかいもの）……4本
なす……1〜2個
玉ねぎ……1個
他にガラムマサラ、チリペッパー、塩、揚げ油

衣
強力粉……1と半カップ
プレーンヨーグルト……1カップ
塩……小さじ半分
クミンシード……小さじ¼
こしょう……少々

野菜にスパイス、塩をまぶし、衣にもスパイスを入れて揚げる天ぷらです。衣に味がついているので、そのままでおつまみにもなります。

インドではパコラを、ダルというグリーンピース状の豆の粉で揚げます。これですと衣が二

ミリぐらいに薄くつくのですが、残念ながら日本にはありません。仕方なく大豆粉で揚げてみたところ、粉が散ってみごとに失敗。そこで強力粉を使い、皮つきのじゃがいも、さつまいも、なす、玉ねぎを揚げました。じゃがいもやさつまいもの薄皮は意外においしく、上品に皮をむいた天ぷらとはひと味違う野性の味覚があるように思います。

じゃがいもとさつまいもは皮つき、なすは七〜八ミリ厚さの輪切りにして、それぞれ水に放してあく抜きをしたのち、充分に水気を拭いて、基礎香料のガラムマサラ、チリペッパー、塩少々をまぶします。玉ねぎは七〜八ミリの輪切りにし、リング状にはずして下味をつけておきます。

ボールに衣の材料を合わせ、水を加えて天ぷらの衣程度に溶きます。

揚げ油を中温に熱し、野菜にヨーグルト入りの衣をつけてうっすらと焦げ目がつくよう、天ぷらの要領で揚げます。じゃがいもは、ちょっと芯があるくらいに揚げるとおいしいものです。

15 えんどう豆のスープ

季節のえんどう豆をごくインド風に煮たスープです。

えんどう豆はたっぷりの湯に、塩一つまみを落としたなかで柔らかくゆで、水にとってむけた皮をとり去り、ざるに上げておきます。もし、ほしたグリーンピースを使う場合は、一カップをよく洗って一晩水につけ、ふやかした後、つけ汁ごと、柔らかくなるまで煮るようにします。

材料（4人分）

五月えんどう……………ゆでたもの2カップ
玉ねぎ……………………………小1個
にんにく…………………………1片
しょうが…………………………少々
赤唐がらし………………………2本
サラダ油…………………………大さじ2
カレー粉…………………………小さじ1
牛乳………………………………1カップ
クミンシード……………………小さじ半分
しょうが……………………せん切り大さじ2
レモン………………………薄切り4枚
他に塩、こしょう

玉ねぎは薄切り、にんにく、しょうがはみじん切り、赤唐がらしは種をとって小口切りにします。

なべにサラダ油を熱して、玉ねぎ、にんにく、しょうが、赤唐がらしをいため、カレー粉、ゆでた豆、牛乳と水各一カップを加えて煮立て、塩小さじ二、こしょう少々で調味します。クミンシードを加えてふたをし、中火の弱で二〇〜三〇分煮、仕上がりにしょうがのせん切りを加えていま一度ふたをします。

器に注ぎ、レモンの薄切りを浮かせていただきます。

新版のためにもう一品

16 ホルト風駅前カレー

最後に、新版のためのおまけとして、共働きで忙しい現代女性のためにもピッタリのかんたんにできるカレーをもう一品紹介しましょう。もちろん、カレールーは使用しません。それでも、おいしいカレーはできるのです。

豚こま切れは余分の脂を落とし、少量の塩、こしょうをします。なべにバターを溶かし、肉の色が変わるまで炒めます。野菜を加え、よく炒め、小麦粉を混ぜ入れます。粉と野菜がよくなじんだところで、スープストックを混ぜ入れ、ゆっくりと煮立てアクをとります。カレー粉、塩、こしょう少々、ウスターソース、月桂樹の葉を加え、ふたをしてゆっくりと弱火で三〇分ほど煮ればできあがりです。

カレー風味も塩あじもそしてカレーの色も淡く仕上げます。野菜たっぷりカレー風味のポタージュといったところ。若い女性曰く、〝これは学校給食のカレーの味〟。懐かしいと好評をいただきました。〝こんなにおいしい給食なかったわ〟という中年女性もいました。あんまりおいしいので、駅前にカレー屋さんをだして欲しいとおっしゃる方もいて、それ以来ホルト風駅前カレーと呼んでいます。

たっぷりのカレー汁にごく少量の熱々のごはんをまぜまぜいただきます。

材料（4〜5人分）

豚こま切れ（私はロースの切り身をそぎ切りにしたものを使用）……………………200〜300グラム
じゃがいも……………1・5センチ角のさいの目切り3個分
にんじん……………1・5センチ角のさいの目切り一本分
玉ねぎ……………粗みじん1個分
にんにく……………つぶしたもの1片
バター……………大さじ3
小麦粉……………大さじ3
スープストック……………4カップ
カレー粉……………大さじ2
ウスターソース……………大さじ2
月桂樹の葉……………1枚
他に塩、こしょう

新版へのあとがき

『ホルトハウス房子の世界でいちばんおいしいカレー』をお読みいただいて、いかがでしたでしょう。

リッチなカレーから駅前カレーまで、いずれも個性ある風味を持ったカレー料理と自負しております。なかでも新版で付記しました駅前カレーは、実だくさんのカレー入りポタージュといった優しい仕上がりで、作り方も簡単ですので、気軽にお作りいただけるのではと、駅前カレーと名づけました。

料理事典『ラルース』でカレーの項を引きますと、カレー「混合香辛料」とあり、数種類のスパイスが記されております。そう、再度申し上げますが、カレーは香りを食べる料理でもあります。手元にあります一九三〇年に刊行されたイギリスの料理本のカレーの項に、七種類もの肉から魚に至るカレー料理が出ており、インドと密接な関係のあるお国柄ならではのことです。なかに「たらと白子のカレー」があり、ソースにりんごのすり下ろしを加える、と記されておりました。「カレーにはりんごのすり下ろしを入れるのよ」と母が話していたことを思い出したことです。得意気な母の様子、そして茶の間の風景が目に浮かび、戦前の日本に海を渡ってはるばるとりんご入りカレーソースが伝えられたのかと、感無量でした。読者の中にはりんごのすり下ろしとカレーの取り合わせをご存じの方もいらっしゃるのではと、思っています。

この本で私が皆さまにお伝えしたいこと、それは一皿の料理の持つ力の大きさ、そしてそれが、人の心に優しく響き、そしてしっかりと心の糧となり、根づくものであるということです。料理はすべて、たとえ一椀の汁であっても、心をこめてお作りくださいますよう。それが上達につながることになりますから……。

ホルトハウス房子

二〇一五年三月

本書は、一九七六年一〇月に光文社より刊行された『カレーの秘伝』を再編集、改題し復刊したものです。

ホルトハウス房子
（ホルトハウス　フサコ）

料理研究家。ハウスオブフレーバーズ主宰。1933年東京生まれ。生来の食いしん坊で料理好き。同じくおいしいものが大好きなアメリカ人の夫と結婚後、アメリカ、タイ、インドなど世界中を回ってさまざまな味に親しむ。料理すること、食べることに対する飽くなき探究心と情熱、また、味覚の鋭敏さには尋常ならざるものがあることは自他ともに認めるところ。長年にわたって数多くの女性誌やテレビなどで西洋料理、洋菓子の真髄を披露してきた。また、自宅で料理教室を開き、旬の素材を使った西洋料理、および洋菓子をコース仕立てで教えてきた。おもな著書に『ホルトハウス房子 私のおもてなし料理』（復刊ドットコム）、『ホルトハウス房子 西洋料理』『ホルトハウス房子のお菓子』（以上、文化出版局）など多数がある。

［新版］カレーの秘伝
ホルトハウス房子の世界でいちばんおいしいカレー

2015年3月30日　第1版第1刷発行

著者　ホルトハウス房子
発行者　清水卓智
発行所　株式会社PHPエディターズ・グループ
〒102-0082　千代田区一番町16
電話03-3237-0651
http://www.peg.co.jp/
発売元　株式会社PHP研究所
東京本部　〒102-8331
千代田区一番町21
普及一部　電話03-3239-6233
京都本部　〒601-8411
京都市南区西九条北ノ内町11
PHP INTERFACE　http://www.php.co.jp/
印刷所
製本所　凸版印刷株式会社

ISBN978-4-569-82415-4

PHPエディターズ・グループの本

伊藤まさこの食材えらび

伊藤まさこ 著

これがあるから、おいしくなる――人気スタイリスト・伊藤まさこさんが紹介する、とっておきの食材の数々。楽しいエッセイと簡単レシピ付。

定価：本体一、五〇〇円（税別）

PHPエディターズ・グループの本

新装版
日本人の食卓おかず2001

浜田ひろみ 著

一冊持っておけば一生献立作りに困らない！　勘所を押さえたおいしい和のおかずを二〇〇一品紹介。一九九八年発刊のレシピ集の名作を復刊

定価：本体二、二〇〇円（税別）